古典文獻研究輯刊

三十編

潘美月・杜潔祥 主編

第 11 冊

晚清域外地理學著譯書籍考（上）

侯 德 仁 著

國家圖書館出版品預行編目資料

晚清域外地理學著譯書籍考（上）／侯德仁 著 — 初版 — 新
北市：花木蘭文化事業有限公司，2020〔民 109〕
目 6+136 面；19×26 公分
（古典文獻研究輯刊 三十編；第 11 冊）
ISBN 978-986-518-096-6（精裝）
1. 歷史地理學 2. 唐代
011.08   109000653

ISBN-978-986-518-096-6

9 789865 180966

古典文獻研究輯刊
三十編　第十一冊
ISBN：978-986-518-096-6

晚清域外地理學著譯書籍考（上）

作　　者　侯德仁
主　　編　潘美月　杜潔祥
總 編 輯　杜潔祥
副總編輯　楊嘉樂
編　　輯　許郁翎、張雅淋　美術編輯　陳逸婷
出　　版　花木蘭文化事業有限公司
發 行 人　高小娟
聯絡地址　235 新北市中和區中安街七二號十三樓
　　　　　電話：02-2923-1455／傳眞：02-2923-1452
網　　址　http://www.huamulan.tw 信箱 hml810518@gmail.com
印　　刷　普羅文化出版廣告事業
初　　版　2020 年 3 月
全書字數　249654 字
定　　價　三十編 18 冊（精裝）新台幣 40,000 元　　　版權所有・請勿翻印

晚清域外地理學著譯書籍考（上）

侯德仁 著

作者簡介

侯德仁，男，1975 年生，黑龍江海倫人，現任蘇州大學社會學院歷史學系副教授，中國史專業專門史方向碩士研究生導師。主要從事中國史學史、中外學術文化交流史、邊疆歷史地理學研究。已發表《清代西北邊疆史地學》等學術專著 2 部，發表學術論文 30 餘篇。

提　　要

晚清時期是中國社會激烈動盪的時期，內憂外患頻仍的時局給中國的知識分子和中國的學術發展打上了深刻的時代烙印。中國傳統的地理學在晚清時局的激盪和地理學自身發展的雙重因素作用下，呈現出新的時代發展特點，並開始向近代科學的地理學轉變。域外地理學研究的勃興，是這一時期地理學發展的顯著特點之一。

晚清域外地理學的發展可以 1840 年鴉片戰爭為界標劃分為前後兩個階段。

從十九世紀初至 1840 年鴉片戰爭爆發的四十年，是為晚清域外地理學發展的萌芽和興起時期。這一時期的域外地理學研究呈現出兩個主要特點：一是著述成果數量不多，並且粗淺零散、不成系統，內容主要是以介紹性為主。二是具有未雨綢繆的反侵略愛國意識。

從 1840 年鴉片戰爭開始直至 1911 年清朝滅亡的七十年時間為晚清域外地理學的繁榮與嬗變時期。在時代的推動下，這一時期的域外地理著述不但成果數量激增，達數百部之多，而且還出現了許多高品質的研究著作。這些著述從整體上呈現出內容豐富，視野恢廓，系統性和學術性大大增強的學術特點。同時，鴉片戰爭之後特別是 19 世紀 60 年代後，大量的域外遊記著述開始湧現，出現了一股域外遊記撰述的熱潮，直至清末而不衰。這些域外遊記數量巨大，覆蓋面廣，學術與思潮價值都非常高，它們也是晚清域外地理著述成果的重要組成部分。

本著作是以晚清時期的域外地理學著述為主要考察對象，從目錄學的角度入手，對晚清時期的域外地理著述書目進行了全面考察，主要考察了晚清域外地理著述書目的種類、數量、作者、版本、內容、體例及其館藏流佈情況，並且撰有書目提要。筆者首先查閱了周振鶴《晚清營業書目》、熊月之《晚清新學書目提要》、鄒振環《晚清西方地理學在中國》附錄一「晚清西方地理學譯著知見錄」、《清史稿·藝文志》、《清史稿藝文志補編》、《清史稿藝文志拾遺》、《北京圖書館普通古籍總目·地志門》等許多與晚清有關的目錄學著作，同時全面查閱了國家圖書館、上海圖書館、南京圖書館、復旦大學圖書館、北京大學圖書館、人民大學圖書館、北京師範大學圖書館、蘇州大學圖書館的晚清域外地理著述館藏情況，並且適當考察了中國科學院圖書館和清華大學圖書館的館藏情況，從而基本摸清了晚清域外地理著述書目數量及其現存館藏情況，收穫很大。這些收穫，都全面體現在了本研究報告之中。

本著作全文分成上、中、下三篇。上篇為晚清域外地理著作提要，考察書目數量為 211 種。中篇為晚清域外遊記著述提要，考察書目目 233 種。下篇為國人輯譯的域外地理著作和遊記書目提要，考察書目數量總計 245 種，其中地理著作 194 種，遊記 51 種。最後，全文還列有一個附錄，附有晚清時期的域外地名歌略、域外竹枝詞、域外地圖等著述書目共計 52 種。另外，筆者還撰寫了一篇《引論》置於正文之前，《引論》概要闡述了晚清域外地理學的研究成就、主要特徵和學術價值。

本書爲第 40 批中國博士後科學基金專案成果
項目號：20060400610

目

次

引　論

　　晚清〔註 1〕時期是中國社會激烈動盪的時期，內憂外患頻仍的時局給中國的知識分子和中國的學術發展打上了深刻的時代烙印。中國傳統的地理學在晚清時局的激蕩和地理學自身發展的雙重因素作用下，呈現出新的時代發展特點，並開始向近代科學的地理學轉變。域外地理學研究的勃興，是這一時期地理學發展的顯著特點之一。

一、晚清域外地理學發展的兩個階段

　　晚清域外地理學的發展可以 1840 年鴉片戰爭爲界標劃分爲前後兩個階段。

（一）晚清域外地理學的萌芽與興起

　　從十九世紀初到鴉片戰爭前夕的四十年間，是晚清域外地理學發展的萌芽和興起時期。由於中國古代社會幾千年來的「夷夏之防」觀念的影響，以及清王朝盲目以「天朝上國」自居，長期實行閉關鎖國政策，從而堵塞了人們對世界各國情況的探求與研究。雖然自明末以來西方各國或因傳教或因通

〔註 1〕 晚清，是清朝晚期的簡稱。當前學術界對晚清的具體劃分方法主要有兩種：
　　　　一種以社會性質的轉變來劃分，即以封建社會向半殖民地半封建社會轉變的
　　　　標誌——1840 年鴉片戰爭的開始作爲界分點；一種是以嘉道以降清王朝的衰
　　　　落作爲晚清開始的標誌，這又分成兩種：一是以 1820 年道光帝即位爲晚清之
　　　　始；另一是以嘉慶帝即位（1795 年）作爲晚清之始，而學術界爲了研究的方
　　　　便，又多以 1800 年作爲晚清之始，如《劍橋中國晚清史》就是把 1800～1911
　　　　年界定爲晚清時期。本課題根據晚清域外地理學的發展狀況，採用《劍橋中
　　　　國晚清史》的劃分方法，亦把晚清界定爲 1800～1911 年。

商等緣由不斷接踵東來中國，但中國人對域外地理的瞭解與研究依然寥寥可數，僅僅出現了極少的幾十種篇幅不長的著述。晚清學者姚瑩在對歷代域外史地研究狀況認真考察和研究後曾指出：「自來言地理者，皆詳中國而略外夷。《史記》、前後《漢書》，凡諸正史外夷列傳，多置不觀，況外夷書乎？然今存者，宋釋法顯《佛國記》，乃異域傳書之始。自是而唐釋玄奘、辨機有《大唐西域記》十二卷，宋徐兢有《宣和奉使高麗圖經》四十卷，趙汝适有《諸蕃志》二卷，朱輔有《蠻溪叢笑》一卷，元周達觀有《真臘風土記》一卷，汪大淵有《島夷志略》二卷，明董越有《朝鮮賦》一卷，黃衷有《海語》三卷，張燮有《東西洋考》十二卷，西洋艾儒略有《職方外紀》五卷，鄺露有《赤雅》一卷，朝鮮無名氏有《朝鮮志》二卷，西洋南懷仁有《坤輿圖說》二卷，國朝圖里琛有《異域錄》一卷……王大海有《海島逸志》二卷，七十一有《西域聞見錄》四卷，松筠有《綏服紀略》一卷，和泰庵有《西藏賦》一卷，近時徐松有《新疆賦》一卷，及魏默深《海國圖志》六十卷出，而海夷之說乃得其全焉。」〔註 2〕姚瑩此處對歷代域外記述的臚陳顯然既不至當，也不至備，但從他的臚陳中可以說明兩方面的問題：一方面說明了中國人對域外的瞭解與研究有著悠久的歷史傳統；一方面則說明，儘管我國的域外研究源遠流長，但直至 19 世紀中期以前，中國人的域外著述總計也不過那麼數十種，這種研究狀況實在與我國悠久的歷史很不相稱，顯然阻礙了國人對域外的瞭解和探求。然而，自十九世紀初開始，以英、俄為代表的西方列強開始騷擾和侵犯我國邊陲和海疆地區，從而推動了一些感覺敏銳的知識分子開始留心外國情況。他們廣泛搜集資料，撰述了一批有關外國列強的歷史及地理著述，目的是要喚起國人對外敵的重視和瞭解，以共同禦侮圖強。這樣，晚清時期的域外地理研究開始興起。

總體說來，鴉片戰爭以前的域外史地論著數量不多，品質也參差不齊，大多較為粗糙，主要以介紹性為主，還談不上有多少研究性，而且絕大多數是介紹英國和俄國的史地著述。並且，這些著述在內容上記載上大多史地相兼，純粹的地理著述很少。鴉片戰爭以前關於俄羅斯史地的著述主要有：阮元的《外藩傳》，張鵬翮《奉使俄羅斯日記》，林則徐的《俄羅斯國紀要》，魏源的《俄羅斯附記》，俞正燮的《俄羅斯佐領考》、《俄羅斯長篇稿跋》、《俄羅斯事輯》，張穆的《俄羅斯事補輯》，何秋濤的《俄羅斯形勢考》、《俄羅斯諸

〔註 2〕姚瑩：《康輶紀行》卷九《華人著外夷人地理書》，同治六年刻本。

路疆域考》、《俄羅斯分部說》、《俄羅斯互市始末》、《俄羅斯叢記》、《北徼城邑考》、《北徼方物考》、《北徼形勢考》，姚瑩的《俄羅斯方域》、《記英俄二夷搆兵》等。關於英國史地的著述主要有：何大庚的《英夷說》、俞正燮的《鴉片煙事述》、蕭令裕的《英吉利記》、葉鍾進的《英吉利國夷情記略》、湯彝的《英吉利兵船記》等。此外，關於域外地理概觀的還有謝清高口述、楊炳南筆錄的《海錄》、其他國家記載的尚有俞正燮的《荷蘭》和《天主教論》、顏斯綜的《南洋蠡測》等。

這一時期國人的域外史地著述發展的主要特點是：

第一，成果數量不多，而且粗淺零散、不成系統，主要是以介紹性為主的著述。如上所述，鴉片戰爭以前的域外史地著述成果數量實在很少，只有幾十種而已，並且不唯數量不多，而且篇幅短小，長則兩三萬字，少則幾百字，系統性的論著極為罕見，研究性的論著則幾乎是沒有的。這個特點，也恰好說明了萌芽與興起時期的域外史地著述稚嫩和膚淺。

值得注意的是，這一時期也出現了兩部品質相對較高的著作，即王大海的《海島逸志》和謝清高的《海錄》。王大海所撰《海島逸志》共六卷，初刊於嘉慶十一年（1806）。王大海為福建漳州人，他曾於乾隆年間浪跡南洋巴達維亞（吧城，Batavia）、三寶壟（Semarang）和北膠浪（北加浪岸，Pekalongan）等地長達 10 年之久，後撰成《海島逸志》六卷。《海島逸志》敘述南洋諸國及其風土人情、物產情況甚詳，還記述荷蘭殖民者在巴達維亞一帶的風俗、政教等情形，反映了西方列強在東南洋擴張。而且，還記述了華僑在東南亞生活，頌揚了他們在中外文化交流及南洋開發中的重要貢獻。《海島逸志》作為一部由長期居於海外的華僑寫成的海外親歷聞見錄，對於當時閉關鎖國的國人瞭解域外的世界應有著難以估計的價值。謝清高的《海錄》，共二萬字，於嘉慶二十五年（1820）成書。謝清高，廣東嘉應州人，18 歲時在南洋經商，遇風船覆，被外國船舶救起，遂在外國船舶上工作 14 年之久，去過很多國家，瞭解外國情況頗多，返粵後傾談海外見聞，引人入勝，由楊氏筆錄，著成《海錄》，記述了其所親歷的南洋、印度及葡萄牙、法國、英國、美國等歐美十多個國家的地理、歷史、政治、工商業、礦產、風土人情等鮮為人知的情況，尤以記述南洋諸國及荷蘭和英國在這裡的殖民活動最為詳細。《海錄》和《海島逸志》兩部著作皆是作者的「親歷親聞」，因而內容記載的品質和可信度都很高，可以視為晚清前期域外地理著作的最

高成就。但是，由於二書作者自身文化不高，學術水準有限，書中內容記載多有獵奇之處，使得二書在內容上「廣見聞」有餘，而「研究性」則顯不足。

第二，具有未雨綢繆的反侵略愛國意識。

自十九世紀初期以來，英、俄等西方列強就不斷的騷擾我國的邊陲和海疆，邊疆危機不斷出現，這引起了一部分感覺敏銳的知識分子的注意，他們迅速的把研究的目光投向了邊疆地區，時刻觀察著各國列強的最新動向，並開始著手搜集英俄等列強國家的史地資料進行研究，他們在研究中貫徹了強烈的反侵略愛國思想。而在嘉慶和道光初年，我國面臨的外部威脅和邊疆危機主要來自於西北，尤其沙俄侵略勢力的威脅，因此當時很多有識之士如何秋濤、俞正燮、姚瑩等主要注重對俄國及西北鄰國的研究。魏源在其論著中一再強調「俄羅斯古不通中國」，但今日「兵力甚強，日事吞併」[註3]，因此我國西北領土有被吞併的危險，是故他要求清政府密切注視西北邊防。姚瑩曾言：「自嘉慶中，每聞外夷桀驁，竊深憂憤，頗留心茲事，嘗考其大略，著論於《識小錄》矣，然僅詳西北陸路。」[註4]從中可以看出，姚瑩是感受到外患日甚一日，邊疆危機日益加深的現實而從事域外史地研究的，試圖從研究中能得出禦敵的歷史依據及現實對策。何秋濤防備「俄患」思想更為強烈。他在研究中對與中國北疆接壤諸國國力進行了全面的比較分析，進而得出結論：同中國北疆鄰國，除「哈薩克之外，惟俄羅斯為強國。然則邊防所重，蓋可知矣夫。」[註5]即是他認為沙俄是中國北部邊疆最大的強敵和威脅，防備「俄患」乃是西北邊防的第一要務，因此他明確提出「西北塞防，乃國家根本」[註6]的重要主張。由此可見，何秋濤的防禦「俄患」的反侵略愛國思想是積極而明確的。俞正燮在《俄羅斯事輯》、《俄羅斯佐領考》等文章中，對沙俄侵略擴張歷史進行了研究分析，指出沙俄乃是一個侵略成性的國家，不可不防。他還指出，早在清初沙俄就曾侵略過中國，佔地掠城，「奪雅克薩、尼布楚地」，並「南向侵擾布拉特烏梁海」[註7]，因此要對沙俄的侵略提高

[註3] 魏源：《聖武記》卷6《外藩・國朝俄羅斯盟聘記》，第248～249頁。中華書局 1984 年版。

[註4] 姚瑩：《康輶紀行》卷首《自序》。清同治六年（1867）刻本。

[註5] 何秋濤：《朔方備乘》卷11《北徼形勢考》。（臺灣）文海出版社 1964 年影印本。

[註6] 何秋濤：《朔方備乘》卷11《北徼形勢考》。

[註7] 俞正燮：《癸巳類稿》卷9《俄羅斯事輯》。遼寧教育出版社 2001 年版。

百倍的警惕，不可掉以輕心。俞正燮對沙俄侵略本性的分析是十分準確的，明確顯示了他可貴的反侵略愛國思想。除了俄國之外，俞正燮還注意到了荷、英、法等西方列強遠渡重洋來到中國，意圖侵略的眞實目的，他說：「自俄羅斯西南，若荷蘭、若紅毛英吉利、若佛朗機、若大呂宋、若意大利亞，皆工器械，鷙利耐遠賈，沿海而東而南，……此數國者，遠隔重洋，辛苦遠戍，用意甚深也。」〔註8〕

　　自道光年間開始，英國加緊了在東南亞地區的侵略擴張，其勢力日益逼近中國，與中國的外交衝突和貿易爭端時有發生。這種情況不能不引起了當時一些有識之士的警覺，他們認識到英國已經成爲中國巨大的威脅，開始把關注的目光投向了東南海疆，密切注意著英國的侵略動態，開始著手對英國的歷史地理進行研究，並且在研究中傾注了他們深深的憂患意識。何大庚在《英夷說》中就憂心忡忡的寫道：「英吉利者，昔以其國在西北數萬里外，距粵海極遠，似非中國切膚之患。今則駸駸而南，凡南洋瀕海各國，遠如明呀喇、曼噠喇薩、孟買等國，近若吉蘭丹、丁加羅、柔佛、烏土國，以及海中三佛齊、葛留巴、婆羅諸島，皆爲其所脅服而供其賦稅。其勢日南，其心日侈，豈有厭足之日哉！」〔註9〕何大庚對英國「其勢日南，其心日侈」，貪得無厭的侵略行徑表示了極大地擔憂，而其所述也意在警醒國人對英國的侵略要倍加警惕，早做防範。儘管有識之士不斷地大聲呼籲和告誡，然而國人和統治者面對強敵步步緊逼的威脅，卻依然對「外情」茫然無知，域外史地研究者對此十分憂懼。葉鍾進針對國人對「外情」暗昧無知的實際，提出了「留意探閱」外情的主張，以改變國人對外敵情勢的茫然無知狀況。他說：「澳門所謂新聞紙者，初出意大利亞，後各國皆出。遇事之新奇及有關係者，皆許刻印，散售各國無禁。苟當事留意探閱，亦可睹各國情形，皆邊防所不可忽也。」〔註10〕葉鍾進「留意探閱」外情觀點的提出，爲國人瞭解和研究外國史地狀況提供了一個新的思路和視角，成爲後來魏源提出「師夷長技以制夷」思想的先聲。

　　由上述可知，儘管晚清前期的域外史地研究粗疏、稚嫩、不成系統，但是此時的域外史地學者已經普遍具有了很強的憂患意識，而且他們將這種可貴的憂患意識傾注在了他們的愛國主義的寫作當中。

〔註 8〕俞正燮：《癸巳類稿》卷9《俄羅斯事輯》。
〔註 9〕何大庚：《英夷說》，載《海國圖志》（100卷本）卷15。
〔註10〕葉鍾進：《英吉利國夷情記略》，《海國圖志》（100卷本）卷52。

（二）晚清域外地理學的繁榮與嬗變

　　從 1840 年鴉片戰爭開始直至 1911 年清朝滅亡的七十年時間爲晚清域外地理學的繁榮與嬗變時期。

　　清代的域外地理研究成爲一種時代風氣，是在鴉片戰爭爆發之後。鴉片戰爭的徹底失敗，既暴露出清朝封建制度的腐敗落後，又使與世界隔絕的大清帝國受到空前的衝擊，「赫赫天朝」竟大挫於「區區島夷」的現實強烈震動了朝野上下，人們深感奇恥大辱。痛定思痛之後，一些有識之士開始深刻反思鴉片戰爭失敗的原因。他們認識到，長期的閉關鎖國，夜郎自大及對外情的一無所知乃是鴉片戰爭失敗的重要原因之一。姚瑩就指出：「自古兵法，先審敵情，未有知己知彼而不勝，聵聵從事而不敗者也。英吉利、佛蘭西、米利堅皆在西洋之極，去中國五萬里，中國地利人事，彼日夕探習者已數十年，無不知之；而吾中國曾無一人留心海外事者，不待兵革之交，而勝負之數已較然矣。澳門夷人，至於笑中國無人留心海外，宜其輕中國而肆猖獗也。」〔註 11〕又言：「正由中國書生狃於不勤遠略，海外事勢夷情，平日置之不講，故一旦海舶猝來，驚若鬼魂，畏如雷霆，夫是以償敗至此耳。」〔註 12〕因此，他認爲要想禦侮雪恥，就必須瞭解邊事夷情以「知彼虛實，然後徐籌制夷之策。」〔註 13〕姚瑩的這種認識很快成爲了當時知識界的思想主流，一股探求域外世界的熱潮開始在知識界激蕩。不僅如此，就連經歷鴉片戰爭失敗的統治階級上層的一些開明官僚也認爲再不能坐井觀天、無視世界之大了，對域外世界的瞭解也成爲他們心中的渴求。於是，這股具有明顯的「開眼看世界」特徵的域外史地研究新思潮首先從知識分子開始，並逐漸匯成了一股新的社會思潮，在中國大地上蓬勃激蕩。林則徐、魏源、姚瑩等人是其中的傑出代表。鴉片戰爭之後興起的域外史地研究思潮，是在外敵入侵不斷加劇，民族危機日益加深的背景下形成的，它反映了中國人民迫切要求瞭解外部世界，尋求富國強兵、禦敵抗侮道路的歷史要求，它順應了歷史發展的潮流，表現出嶄新的時代內容。

〔註 11〕姚瑩：《覆光律原書》，《中復堂全集・東溟文後集》卷 8。上海古籍出版社 2002
　　　　年《續修四庫全書》第 1512 冊據湖北省圖書館藏清同治六年姚濬昌安福縣署
　　　　刻中復堂全集本影印。下同。
〔註 12〕（清）姚瑩：《覆光律原書》，《中復堂全集・東溟文後集》卷 8。
〔註 13〕（清）姚瑩：《覆光律原書》，《中復堂全集・東溟文後集》卷 8。

　　林則徐是較早對外國史地資料進行搜集和研究的人，在鴉片戰爭之前他就已經開始了對外情的搜集工作。1839 年，林則徐來到廣東主持禁煙，他對「沿海文武員弁不諳夷情，震於英吉利之名，而實不知其來歷」〔註14〕的狀況深感震驚和憂慮。於是，他命令下屬到四方各處探訪「夷狄情」，要求他們「將所打聽出來之事，寫在日記上，按日期呈遞，登於簿上。」〔註15〕而且，林則徐還以欽差大人的身份，直接向外國人和歸國華僑瞭解有關情況，搜集各種圖書資料。他曾先後向美國傳教士伯駕和裨治文等人詳細的詢問了英美等國的歷史地理情況，還向他們「索取地圖、地理書和別種外國書」〔註16〕。此外，他還親自提審英國俘虜士丹唐，並有意識擴大審訊範圍，向他瞭解外國地理情況。這樣，他很快就搜集了英美等國的圖書資料，甚至形成「海外圖說畢集」〔註17〕的興盛局面。對於搜集來的外國圖書資料，林則徐積極招聘翻譯人才，組織翻譯。在不長的時間內編譯出大量的外文資料，成為近代中國「睜眼看世界的第一人」。在這些搜集和翻譯的資料基礎上，林則徐開始編寫世界地理著作《四洲志》。此書根據英國人慕瑞的《世界地理大全》（ *Cyclopaedia of Geography* ）節譯而成，較為完整的敘述了亞洲、非洲、歐洲和美洲 30 多個國家的歷史、地理、政治、經濟與文化狀況，是近代中國第一部相對完整、比較系統地記載世界地理的志書，影響深遠。在它的影響下，一大批研究外國史地的著述開始湧現。然而確切的說，《四洲志》是一部未完稿，在該書尚未完成時林則徐被革職遣戍伊犁，因而中輟。

　　魏源是繼林則徐之後，將外國地理研究發揚光大的重要學者。他曾在1840 年以英俘安突德的審訊口供筆錄為基礎，旁採他聞，著成《英吉利小記》，對英國地理概況及中英交通始末做了初步探討。同年，安徽廩生汪文泰（或作汪文臺）及江蘇諸生陳逢衡亦主要依據英俘安突德的口供分別撰成《紅毛番英吉利考略》、《英吉利紀略》二書。1841 年 6 月，林則徐在西戍伊犁途中，在京口（今鎮江）與魏源相會。林則徐將其所撰《四洲志》手稿及其所搜集的外國史地資料交給魏源，託付他將《四洲志》續完，以完成自己

〔註14〕林則徐：《林則徐集・奏稿》（中），中華書局 1965 年版，第 649 頁。
〔註15〕佚名輯：《澳門十二月十四日新聞紙》，載中國史學會主編：《鴉片戰爭（二）》，上海人民出版社及上海書店出版社 2000 年版，第 412 頁。
〔註16〕顧長聲：《裨治文》，載《從馬禮遜到司徒雷登——來華新教傳教士評傳》，上海書店出版社 2005 年版，第 31 頁。
〔註17〕姚瑩：《康輶紀行》第 499 頁，黃山書社 1990 年版。

的未竟之業。受託之後，魏源開始廣泛搜集資料，廣採「歷代史志及明以來島志及近日夷圖、夷語」〔註18〕，並以《四洲志》為基礎，於 1842 年底撰成《海國圖志》50 卷，並刊刻行世。魏源在《江口唔林少穆制府》詩中記述了此事：「萬感蒼茫日，相逢無一語。風雷驚蟄屈，歲月笑龍屠。方術三年艾，河山兩戒圖。乘槎天上事，商略到鷗鳧。」詩中自注稱：「時林公屬撰《海國圖志》」。《海國圖志》50 卷本約 57 萬字，其中地圖 23 幅，洋炮插圖 8 幅。與林則徐 8 萬多字的《四洲志》相比，內容明顯增加，極為豐富，舉凡世界各國地理、歷史、政治、經濟、科技、文化、宗教、風俗都有敘述。後來魏源對該書進行了兩次增訂，為 1847 年的 60 卷本（60 餘萬字）和 1852 年的 100 卷本（88 萬字）。《海國圖志》一書的資料來源，除了以林則徐的《四洲志》為主外，還旁徵博引了一百餘種中外著述。這些史料來源，大致可分為三類：第一類是包括《漢書》、《後漢書》在內的歷代正史 20 餘種；第二類是中國古代的域外地理著述和相關著作 70 餘種，其中以明代為主，魏源稱之為「島志」；第三類是外國人的著述，包括明末清初時期來華傳教士的著作和鴉片戰爭前後西方傳教士的最新著述，共約 20 種（前者有艾儒略的《職方外紀》和《四海總說》、利瑪竇的《坤輿萬國全圖》、南懷仁的《坤輿圖說》、畢方濟的《靈言蠡勺》、高一志的《空際格致》、傅泛際的《寰有詮》、蔣友仁的《地球全圖》、湯若望的《遠鏡說》，後者有慕瑞的《世界地理大全》、馬禮遜的《外國史略》、瑪姬士的《地理備考》、高里文的《美里哥合省國志略》、韋里哲的《地球圖說》、郭實臘的《貿易通志》，另外還有《聖書》、《滑達爾各國律例》、《華事夷言》以及當時澳門出版的一些報紙《澳門政府公報》、《澳門鈔報》等）。由此可見，《海國圖志》一書取材十分宏富，無論中西史志記載都有大量的引用，融中西記述於一爐。但魏源在此書中對西人著述予以了特別的重視，在材料的徵引中總是以西人著述為優先的原則，他自己對此也有明確的闡發：此書「何以異於昔人海圖之書？曰：彼皆以中土人譚西洋，此則以西洋人譚西洋也。」〔註19〕還需指出的是，魏源在該書表達了明確的知夷制夷意識，他在《籌海篇》中說：「欲制外夷者，必先悉夷情始，欲悉夷情者，必先立譯館翻夷書始；欲造就邊才者，必先用留心邊事之督撫始。」即魏源認為，要「制夷」，必須先從「知夷事」、「悉夷情」始，

〔註18〕魏源：《海國圖志》卷首《原敘》。
〔註19〕魏源：《海國圖志》卷首《原敘》。

並不斷的造就這方面的人才，才能眞正的收到「制夷」之效。同時，魏源在此書中所提出的「師夷長技以制夷」思想更是影響深遠。

　　鴉片戰爭之後不久，除了《海國圖志》以外，還出現了兩部研究域外地理的著作，即徐繼畬的《瀛環志略》和梁廷枏的《海國四說》。

　　徐繼畬的《瀛環志略》乃是他在道光二十三年（1843）任福建布政使時著手編寫的。他利用公務上與外國人接觸的機會，尋求探問，廣泛搜集外國資料、地圖冊子，然後詳細的批閱和考訂。道光二十四年（1844），徐繼畬因公在廈門數度會晤了美國傳教士雅裨理（時任美國駐廈門領事譯員），從那裡獲得了廣泛的世界史地知識，並見到了「繪刻極細」的外國地圖。此後，徐繼畬又向在廈門傳教、行醫的傳教士甘威廉，英國駐福州領事李太廓及阿禮國夫婦請教。阿禮國夫婦還贈送給他一個地球儀，並爲他畫了一幅世界地圖。徐繼畬，從他們那裡獲取了很多瑞士、西歐、中東的政治、史地知識。此外，徐繼畬還通過各種途徑搜集西人的有關著述，其中包括裨治文的《美理哥合省國志略》，從中獲取了比較詳盡的美國政治、歷史和地理知識。就這樣，徐繼畬利用公餘之暇，搜集考訂著述，書稿改訂數十次，歷時五年，終於在道光二十八年（1848）撰成《瀛環志略》10 卷，約 15 萬言。《瀛環志略》以圖爲綱，共有地圖 42 幅，較爲系統的介紹世界五大洲近 80 個國家和地區的地理位置、面積、人口、歷史、政治、宗教、風俗情況，對亞洲、歐洲和北美洲的記述尤爲詳備，對中國人很少瞭解的南美洲、大洋洲和非洲都有所記載。該書雖然沒有《海國圖志》那樣繁博，但結構更加緊湊，所選地圖也更加精準，因而展示了更加明晰而完整的近代世界地理全貌。本書還初步吸收了某些近代地理學科學的概念，重視地圖的作用。《瀛環志略》以四大洲和五大洋來劃分當時的世界，已經注意到了大陸和海洋的區別，與當時中國文獻中以「東南洋」、「西南洋」、「小西洋」、「大西洋」等觀念相比，顯然更具科學性。該書還系統的介紹了西方的民主制度，書中對法國的民主政治制度、英國的兩院制議會制度、美國的三權分立民主政體等都有較爲詳細的記述，尤其推崇華盛頓。1848 年，《瀛環志略》在福州首次刊刻出版，然而官方和知識界反應冷淡，以至此書問世之後十幾年都未能引起足夠的重視，因而流傳也不廣。19 世紀 60 年代洋務運動興起，朝野上下迫切需要增進對域外知識的瞭解，《瀛環志略》的重要性日益凸顯。總理衙門遂於 1866 年重刻《瀛環志略》，並把它作爲同文館的教科書。此後該書被不斷翻刻，成爲當時國人瞭解世界

的必讀書，產生了廣泛的影響。

梁廷枏（1796～1861），在鴉片戰爭期間作為林則徐等封疆大吏的幕僚親身參與了鴉片戰爭。他全力支持林則徐的禁煙運動，並積極參加了抗英鬥爭，打擊入城的英國侵略者。戰爭結束後，他又廣泛地搜集域外史地資料，著書立說，以尋求制夷與富強之策。《海國四說》即是他在鴉片戰爭後所著的一部域外史地著作。該書由《耶穌教難入中國說》（不分卷）、《合省國說》三卷、《蘭崙偶說》四卷與《粵道貢國說》六卷四說組成，殺青於 1846 年。合省即美國，蘭崙即英國首都倫敦，此處泛指英國。《合省國說》和《蘭崙偶說》就是美國和英國的敘說，是對美國、英國的疆域、地理、氣候、歷史、文化、宗教、習俗、政治制度、經濟發展等情況都有簡明扼要的介紹。《合省國說》主要取材於美國傳教士裨治文的《美理哥合省國志略》。《蘭崙偶說》亦主要取材於當時翻譯的西人著作。《粵道貢國說》主要取材於當時粵海關所存的歷年中外通商、交涉檔案。《耶穌教難入中國說》則主要取材於來華傳教士刊刻的《聖經要旨詮釋》等基督教文獻和相關報章雜誌記載。

另外，臺灣兵備道姚瑩在鴉片戰爭中因受穆彰阿等投降派陷害而被貶官四川，並於 1844～1845 受命入藏考察。他於是「就藏人訪西事，既得其聞所未聞，且於西人近我西藏之地，與夫五印度、俄羅斯之詳，益有徵焉」〔註20〕，最後據此著成《康輶紀行》16 卷。準確的說，這是一部有關我國西南邊疆地理的著作，但該書亦大量記載了許多有關英、法、俄、印度、廓爾喀（尼泊爾）、哲孟雄（錫金）等國的豐富的地理知識。同時，鄭光祖和王朝忠分別輯有《舟車所至》和《海外番夷錄》叢書，收錄了很多時人的域外地理研究著作。

19 世紀 60 年代，為了達到「富國」、「強國」的目的，清政府中的一些開明官僚開始仿傚西方，興辦「洋務」，創辦民族工業，洋務運動全面展開。洋務運動時期，隨著中外交往的不斷擴大，清政府開始有目的地派人出國考察和遊歷。於是，自洋務運動開始，一大批中國知識分子走出國門，親身去體驗和瞭解域外的世界，這為他們研究和撰述外國史地提供了有利的條件。他們大多數人都撰有域外考察的遊記（包括遊歷日記）或地理研究專著，從而促成了晚清時期域外地理研究繁榮局面的形成。這一時期出現的域外地理研究專著和域外考察遊記，每一類都達三百部之多。這麼龐大數量的域外地理

〔註20〕姚瑩：《康輶紀行·自序》。

著述的出現，可謂在晚清時期形成了一個域外地理研究的浪潮。而大家熟知的幾部域外地理著述，包括《海國圖志》、《瀛環志略》、《海國四說》、《日本國志》、《法國志略》等，是根本無法涵蓋如此眾多晚清域外地理文獻的學術價值的。

　　19世紀60年代至清末所產生的域外地理研究專著，據筆者統計達200部左右。這些域外地理研究專著，有一部分是總論世界各國地理的，如李愼儒的《瀛環新志》、蕭應椿的《五洲述略》、沈林一的《五洲屬國紀略》、王先謙的《五洲地理志略》等；更多的則是論述一國或幾國地理的著作，亞、歐、美、澳等洲都有，亞洲如黃遵憲的《日本國志》、王肇鋐的《日本環海險要圖志》、薛培榕的《朝鮮輿地說》、盛慶紱的《越南地輿圖說》、師範的《緬事述略》、龔柴的《暹羅考略》、葉羌鏞的《呂宋紀略》、龔柴的《廓爾喀不丹合考》等；歐洲如沈敦和的《英法俄德四國志略》、王韜的《法國志略》、繆祐孫的《俄羅斯疆域編》、劉啓彤的《星軺考轍》、沈敦和的《英吉利國志略》、朱和鈞《西班牙述略》等；美洲如傅雲龍的《遊歷美利加圖經》、《遊歷迦納大圖經》、《遊歷巴西圖經》、《遊歷秘魯圖經》、謝希傅的《墨西哥述略》、余思詒的《古巴節略》等；澳洲（大洋洲）如佚名的《他士文尼亞島考略》、佚名的《牛西蘭島紀略》、金維賢的《南極新地辨》一卷等。值得一提的是，在這些地理研究專著中，還有一些軍事與政治類的專類地理著作，如顧厚焜的《美國地理兵要》和《巴西地理兵要》、姚文棟的《日本地理兵要》、鄭昌棪的《摩洛哥政要》、《委內瑞辣政要》、《科侖比亞政要》、《玻利非亞政要》、《巴來蔚政要》、《烏拉乖政要》等。

　　晚清時期出現的各類域外遊記，是晚清域外地理著述的又一類著述。晚清域外遊記數量巨大，覆蓋面廣，價值也非常高，據筆者統計達250種左右。這些域外遊記的出現與鴉片戰爭和洋務運動都有著密切的關係。鴉片戰爭之後，中國門戶洞開，西方殖民侵略步步加深，一些東西方所謂的「探險家」們不斷到中國進行所謂的「遊歷」和「考察」活動，搜集中國的各種政治、軍事和經濟情報。他們的這些所謂「探險」活動，不能不引起了國人廣泛注意。黎庶昌在《西洋雜誌》中指出：「自天津訂約以來，二十餘年，沿江沿海要害之地，准西人設立碼頭通商居住。西人之心猶以爲未足，復於通商之外，增出『遊歷』名目，無非欲假此無限之權利，以遂其窺伺內地之利計。舉凡雲貴、甘肅、新疆、蒙古、青海、西藏之地，中國所號爲邊鄙不毛者，鑿險

縋幽，無處不有西人蹤跡。故其匯入地圖，足履目驗，詳覈可據。一旦有釁，何處可利行軍，其國雖遠在千里外、中土情勢，莫不瞭若指掌。」〔註21〕針對於此，一些開明官僚和有識之士開始公開主張國人出國遊歷和考察，探訪域外情勢，學習「夷狄」之長，以圖對未來國事有所補益。國人在出國考察和遊歷的過程中，大多都撰有遊記以記載他們的所見所聞和觀感，於是在晚清時期形成了一股域外遊記撰述的思潮。

鴉片戰爭之後，最早走出國門的人是林鍼和容閎。他們都是在 1847 年走出國門，赴外工作和學習，後分別根據自己的經歷寫成了《西海紀遊草》和《西學東漸記》兩部域外遊記。由於林鍼的《西海紀遊草》在其遊歷期間（1847～1849）撰著完成，而容閎的《西學東漸記》遲至 1909 年才寫成，所以林鍼的《西海紀遊草》才是鴉片戰爭後中國人域外遊記寫作的開先河之作。林鍼（1825～？），字景周，號留軒，生長於貿易港口廈門。1847 年，林鍼「受外國花旗聘，舌耕海外」，擔任中文翻譯和教員，二月由粵東（潮州）起程，六月到達美國，在美國工作了一年多後於 1849 年二月回國。《西海紀遊草》乃是林鍼此次美國之行的實錄，書中記述了此次出洋的經過及其在美國的見聞，並概要介紹南北戰爭以前美國的經濟、蓄奴、選舉、獨立和總統制等政治和經濟狀況。他的這些記述都是他的親歷見聞，這在域外遊記的寫作中具有著劃時代的意義。

與林鍼出國遊歷時隔十年之後，湖北人郭連成踏上了訪問歐洲的旅程。郭連城是一名天主教徒，教名伯多祿。他在 1859 年三月隨意大利傳教士徐伯達（Luclovicus Cel.Spelta）等人赴羅馬述職並遊歷意大利各地。他們由湖北應城天主堂出發，經武漢、九江、嘉興、上海、香港出境，至八月中抵達羅馬。在意大利盤桓數月後，於翌年二月回國，六月回到應城，著成《西遊筆略》三卷。該書以日記形式陳述作者一年多西遊之旅的親歷親聞，描述了訓蒙館、窺天樓、病人院、博覽院、五洲方物院、瘋人院、踢球場、繪像所、仁愛所、義學館、水輪機院、自燃燈、自鳴琴等眾多國人見所未見、聞所未聞的新事物，還配有多幅可能是出於他自己手筆的插圖，內容十分豐富，因而被認為是迄今所知的近代中國「第一部詳贍豐富的西方遊記」〔註22〕，具有重要的學術價值。

〔註21〕黎庶昌：《上曾侯書》，載《西洋雜誌》第 543 頁，嶽麓書社 2008 年版。
〔註22〕周振鶴：《重印〈西遊筆略〉前言》第 2 頁，載郭連城《西遊筆略》卷首，上海書店出版社 2003 年標點本。

　　在鴉片戰爭之後的 19 世紀四五十年代，出國遊歷考察的僅僅有林鍼、郭連城、容閎等寥寥數人，出國遊歷考察尚未形成規模和風氣。而且，林鍼、容閎和郭連城的出國遊歷考察，也僅僅是他們自己的一種個人行為，儘管得風氣之先，但影響畢竟有限。

　　19 世紀六十年代，國人出國遊歷考察漸成規模和風氣，域外遊記的撰述也隨之興起。1866 年，在中國擔任總稅務司的英國人赫德（Robert Hart）因回國休假，他向總理各國衙門請示帶領一二名同文館學生前往英國遊歷，這件事得到總理衙門的批准。總理各國事務衙門決定，此次赴英遊歷考察由旗人斌椿父子率領同文館學生三名共一行五人組成，他們成為了晚清官派出國遊歷的第一批國人。總理各國事務衙門要求斌椿他們，「沿途留心，將該國一切山川形勢、風土人情隨時記載，帶回中國，以資印證。」〔註 23〕斌椿一行於 1866 年（同治五年）正月二十一日離開北京，三月十八日到達法國馬賽，正式展開歐洲考察之旅，並於同年七月初十日從法國馬賽回國。在短短四個月的時間裏，他們先後考察了法國、英國、荷蘭、漢堡、丹麥、瑞典、芬蘭、俄國、普魯士、漢諾威、比利時等地。斌椿在考察中「隨時記載」見聞和觀感，筆之於書，著成《乘槎筆記》一卷。這是中國近代知識分子最早親歷歐洲的記述，雖然其中多記海程和宴會之事，但也有不少關於火輪、升降機、煤氣燈、傳呼機器、自行車等近代歐洲技術文明的記載，從而帶給了國人一些關於西方的新的認識。如他記述巴黎街頭的自行車的觀感云：「街衢遊人，有只用兩輪貫以短軸，人坐軸上，足踏機關，輪自轉以當車。又有隻輪貫軸，兩足跨軸端，踏動其機，馳行疾於奔馬。」〔註 24〕再如他對法國運用火輪鑄錢的記述云：「（造錢）用火輪法，以水氣激推機，令進退鐵管中。機之一端，連大輪之樞，以運動長軸。軸置屋樑下，分繫章條，運千百小輪。大輪轉則軸轉，軸轉則眾輪俱轉。輪有橫直，各適其用，工匠分司之。錢質成圓，無孔。一一平其輕重，無纖芥差。然後置印板輪中，一擊則兩面文成，其一面為國主像。乃易一所鑿邊花。錢有輕重大小不同，質分金、銀、銅三品，而形式如出一轍，是以行之街市及鄰邦，無詐偽之弊。」〔註 25〕1866 年與斌椿

〔註 23〕轉引自鍾叔河《走向世界——近代中國知識分子考察西方的歷史》第 61 頁，中華書局 2000 年版。

〔註 24〕斌椿：《乘槎筆記》第 108 頁，載鍾叔河主編：《走向世界叢書》第一輯，嶽麓書社 2008 年版。下同。

〔註 25〕斌椿：《乘槎筆記》第 110 頁。

父子一起出洋考察的同文館學生之一張德彝，撰有日記體域外遊記《航海述奇》四卷。《航海述奇》對西方的歷史地理、政治經濟、風土人情都有詳細的記載，但更著重記述的依然是西方近代科學技術的發展成就，如火車、電梯、電報、照相館、縫紉機等等。光緒五年三月十八日剛剛到達法國馬賽的第一天，張德彝就對法國旅館中使用煤氣產生了好奇，他記述道：「住屋數百間，上下皆有煤氣燈出於壁上，籠以玻璃罩，如花朵然。外國所燃之煤氣燈，係在郊外設廠蒸煤，令其氣從水中穿過而後燃之。其光倍於油蠟，其色白於霜雪。通城人家鋪戶，遠近高下，皆以鐵管通之。其氣頗臭，不可向邇。如不點時，必以螺螄塞住，否則其氣流於滿屋，見火皆著，實為險事。」〔註26〕斌椿和張德彝都以質樸的語言表達了歐洲近代工業文明新奇的觀感，這些觀感當然還顯得十分的稚嫩和粗淺，但真實的反映了剛剛走出國門的晚清中國人對近代世界的實際認識水準。而且，斌椿和張德彝的兩部域外遊記，對晚清中國人瞭解西方社會風貌，促進清廷滿朝官員正確認識西方社會是有說明的，並且在一定程度上減輕了國人對前往西方遊歷的疑懼心理。斌椿一行作為清政府第一次派往西方的官方考察團，意義深遠，他們起到了開拓向西旅行的風氣。

據斌椿旅西不及兩年，清政府於 1868 年（同治七年）又派出了出使歐美各國「辦理中外交涉事務」的外交使團，這是清政府向西方國家派出了第一個外交使團。由於「中外交際不無為難之處」，加之清廷找不到合適的人選，最後只得聘請原來擔任美國駐華公使，此時業已卸任的美國人蒲安臣（Anson Burlingama）充任「欽使」，而總理各國事務衙門章京、花翎記名海關道志剛及總理各國事務衙門章京、道銜係缺知府、禮部郎中孫家穀隨行，他們共同組成了中國第一個外交使團，通稱「蒲安臣使團」。蒲安臣使團一行從 1868年二月出發，於 1870 年九月回到上海，環繞地球旅行一周，用了兩年半時間。該使團旅行的形成是前所未有的，出使了所有與中國有條約關係的西方國家，詳細考察了西方國家的地理、歷史、政治、軍事、外交及社會風俗。志剛和孫家穀在此次出使歐美的過程中，分別著成《初使泰西記》和《使西書略》兩部遊記，是為此次出使的實錄，對西方的地理、歷史、政治、經濟、社會風俗都有精要記述。還需值得一提的是，隨蒲安臣使團一起出使的還有

〔註26〕張德彝：《航海述奇》第 479～480 頁，載鍾叔河主編：《走向世界叢書》第一輯，嶽麓書社 2008 年版。

張德彝，他在出使美、英、法三國後因故提前回國了，後根據出使經歷著成《再述奇》六卷，記述了他此行的見聞和觀感。

19 世紀六十年代，雖然官派出國考察漸成風氣，而以私人身份出國遊歷依然是鳳毛麟角的，王韜是其中的幸運者。王韜（1828～1897），江蘇長洲甫里人，因上書太平軍逃亡香港，1867 年應英國漢學家理雅各（James Legge，1815～1897）之請赴歐洲，於 1871 年初回到香港，之後撰成《漫遊隨錄》三卷。全書凡記 51 事，每事以 4 字爲目。所記地理範圍，由故里而他鄉，由中國而至歐洲，其中三分之二是遊歷英法兩國的見聞。所記內容豐富詳贍，主要以記述英、法諸國的文化、近代科學（如天文、地理、電學、化學、光學等）爲主，還常常對中西文化及哲學觀念的不同作比較分析，發表感言。王韜到達歐洲後，「每日出遊，遍歷各處。嘗觀典籍於太學，品瑰奇於各院，審查火機之妙用，推求格致之精微」，深感「眼界頓開，幾若別一世宙。」他對歐洲的近代科技文明產生了濃厚的興趣，他說：「英國以天文、地理、電學、火學、氣學、光學、化學、中學爲實學，弗尚詩賦詞章。其用可由小而至大，其由天文知日月五星距地之遠近、行動之遲速，日月合璧，日月交蝕，彗星、行星何時伏見，以及風雲雷雨何所由來。由地理知萬物之所由生，山水起伏，邦國大小。由電學知天地間何物生電，何物可以防電。由火學知金木之類何以生火，何以防火。由氣學知各氣之輕重，因而製氣球，造氣鐘，上可凌空，下可入海，以之察物、救人、觀山、探海。由光學知日月五星本有光耀，及他雜光之力，因而創電燈，變光彩，辨何物之光最明。由化學、重學辨五金之氣，識珍寶之苗，分析各物體之質。又知水火之力，因而創火機，製輪船火車，以省人力、日行千里，工比萬人。穿山、航海、掘地、濬河、陶冶、製造以及耕織，無往而大非火機，誠利器也。」〔註27〕作者在這寥寥數百字間將西方近代科學技術及其功效予以了高度概括，並且指出中國傳統文化與西方文化的很大不同點，那就是西方重科學而「弗尚詩賦文章」，可見王韜是在用心的分析中西文明的差異。

19 世紀七十年代開始，國人出國遊歷考察開始進入一個新的階段，晚清域外遊記撰述形成風潮。這是由於兩方面的原因：一是清朝政府自 1875 年任命郭嵩燾爲首任駐外公使，開始向歐美及日本等國派出一批駐外使節，這些外交使節在駐外過程中都撰有駐外遊記和日記；二是自 19 世紀七十年代

〔註27〕王韜：《漫遊隨錄》卷二《製造精奇》。

開始，越來越多的國人受官派或自費出國考察教育、科技、政法、實業，他們紛紛撰有域外考察記；三是由於各種原因出國遊歷者，如王芝、李筱圃、梁啟超等人皆撰有域外遊歷筆記或日記。從而，這一時期的域外遊記形成三類：第一類是外交官出使的域外遊記，第二類是專門赴外考察訪問的域外遊記；第三類是其他赴外遊歷者的域外遊記。

晚清駐外使節的域外遊記，是由我國首任駐外公使郭嵩燾《倫敦巴黎日記》、《使西紀程》（1876）開端的，隨後日漸增多。其他駐外使節所撰寫的域外遊記，包括（1）駐歐美使節的遊記，有張德彝《四述奇》（《隨使日記》，1876）、《五述奇》（《隨使德國記》，1887）、《六述奇》（《隨使英國記》，1896）、《七述奇》（日期不明）、《八述奇》（《使英日記》，1901）、劉錫鴻《英軺私記》（1876）、黎庶昌《西洋雜誌》（1877）、錢德培《歐遊隨筆》（1877）、陳蘭彬《使美紀略》（1877）、李鳳苞《使德日記》（1878）、曾紀澤《出使英法俄國日記》（1878）、徐建寅《歐遊雜錄》（1879）、蔡鈞《出洋瑣記》、《出洋須知》（1881）、張蔭桓《三洲日記》（1885）、鄒代鈞《西征紀程》（1886）、薛福成《出使英法義比四國日記》（1889）、崔國因《出使美日秘國日記》（1889）、王之春《使俄草》（1895）等；（2）駐日及亞洲各國使節的遊記，有張斯桂《使東詩錄》（1876）、何如璋《使東述略》（1877）、黃楙材《西輶日記》（1878）、王之春《談瀛錄》（1879）、馬建忠《南行記》（1881）、吳廣霈《南行日記》（1881）、馬建忠《東行初錄》、《東行續錄》、《東行三錄》（1882）、吳鍾史《東遊紀略》、《東遊記》、《遊高麗王城記》（1882）、傅雲龍《遊歷日本圖經餘記》（1887）、崇禮《奉使朝鮮日記》（1890）、黃慶澄《東遊日記》（1893）等。

晚清國人專門赴外考察者的域外遊記，主要包括朱綬《東遊紀程》（1898）、丁鴻臣《四川派赴東瀛遊歷閱操日記》、《遊歷日本視察兵制學制日記》（1899）、沈翊清《東遊日記》（1899）、劉學詢《遊歷日本考察商務日記》（1899）、錢德培《重遊東瀛閱操記》（1901）、羅振玉《扶桑兩月記》（1901）、李宗棠《考察日本學校日記》（1901）、吳汝綸《東遊叢錄》（1902）、方燕年《瀛洲觀學記》（1902）、嚴修《東遊日記》（1902）、項文瑞《遊日本學校筆記》（1902）、張謇《癸卯東遊日記》（1903）、林炳章《癸卯東遊日記》（1903）、繆荃孫《日遊彙編》（1903）、胡景桂《東瀛紀行》（1903）、晏宗慈《隨槎日記》（1903）、王景僖《日遊筆記》（1903）、金保福《扶桑考察筆記》（1904）、

劉紹寬《東瀛觀學記》（1904）、蕭瑞麟《日本留學參觀記》（1904）、胡玉縉《甲辰東遊日記》（1904）、戴鴻慈《出使九國日記》（1905）、陳榮昌《乙巳東遊日記》（1905）、段獻增《三島雪鴻》（1905）、田鴻文《東遊日記》（1905）、劉瑞璘《東遊考政錄》（1905）、鄭元濬《東遊日記》（1905）、載澤《考察政治日記》（1906）、郭鍾秀《東遊日記》（1906）、恩惠《東瀛日記》（1906）、涂福田《東瀛知見錄》（1906）、吳烈《東遊日記》（1906）、熙楨《調查東瀛監獄記》（1906）、舒鴻儀《東瀛員警筆記》（1906）、王儀通《調查日本裁判監獄報告書》（1906）、吳蔭培《岳雲庵扶桑日記》（1906）李文幹《東航紀遊》（1906）、楊芾《扶桑十月記》（1907）、黃黻《東遊日記》（1907）、趙詠清《東遊紀略》（1907）、劉庭春等《日本各政治機關參觀詳記》（1907）、劉枏《蛤洲遊記》（1907）、樓藜然《藊盫東遊日記》（1907）、呂珮芬《東瀛參觀學校日記》（1907）、鄭崧生《瀛洲客談》（1907）、王三讓《遊東日記》（1908）、定樸《東遊日記》（1908）、賀綸夔《鈍齋東遊日記》（1908）、但燾《海外叢稿》（1909）等。

　　除了上述兩類，第三類域外遊記爲其他原因赴外遊歷所撰述的，這些遊記主要包括王芝《海客日譚》（1871）、祁兆熙《遊美洲日記》（1874）、李圭《環遊地球新錄》（1876）、王韜《扶桑遊記》（1879）、李筱圃《日本記遊》（1880）、潘飛聲《西海紀行卷》、《天外歸槎錄》（1887）、梁啓超《汗漫錄》（1899）、錢單士釐《癸卯旅行記》（1903）、錢單士釐《歸潛記》（1909）、康有爲《歐洲十一國遊記》（1899）、梁啓超《新大陸遊記》（1903）、蔣黻《東遊日記》（1903）、金紹城《十八國遊歷日記》（1910）等。

　　由上述可見，19 世紀七十年代以降的晚清域外遊記數量非常巨大，撰著的作者也來自不同的知識階層，成分複雜，所有這些都確實顯示出此時域外遊記地理撰述的繁榮局面。

　　晚清域外遊記的創作自鴉片戰爭時期開始直至清末爲止，在七十多年的時間裏產生了大批的著作。這大批的域外遊記的內容極爲豐富，舉凡世界各國的歷史、地理、政治、經濟、文化、風俗、宗教等都有廣泛的記載，它們向國人展現了廣闊而全新的空間，描述了一個個豐富多彩的域外世界，有力的促進了國人對域外世界的認識。因而，這些域外遊記不但具有較高的史學價值和文化價值，而且在思想上具有很強的啓蒙意義。

　　另外，非常值得一提的是，晚清時期出現了大量國人輯譯的域外地理和

遊記著作。據筆者的調查統計達 260 餘種，其中地理著述約 210 種，遊記約 50 種。這是著述數量眾多，而且學術價值也十分的高，從總體上講這些著述的學術水準高於同時期國人所著的域外地理著作，應該引起研究者的注意。

二、晚清域外地理學研究的學術文化價值

晚清域外地理學研究順應了歷史發展的潮流，回應了時代發展的主題，爲長期封閉隔絕、孤陋寡聞的中國打開了一扇瞭解和認識世界的窗子，爲沉悶窒息已久的中國社會送來了一股清新的氣息。眾多的晚清域外地理學著述從不同的側面和角度爲國人講述了多彩的域外世界，豐富和更新了國人的知識體系，開闊了國人的視野，並對國人思想觀念的更新與轉變起到了很大的作用。晚清域外地理學研究無論在學術文化層面，還是在思想革新層面上都具有重要的歷史價值。

1. 晚清域外地理學研究拓展了國人的世界地理認識，闡釋與傳播了科學的地理觀念。

在漫長的中國歷史發展進程中，由於古代中國的經濟和文化發展水準特別是文明程度長期高於周邊國家，所以在中國人的心中慢慢形成了以中國爲中心的世界觀，中國的儒家士大夫都堅信中國是世界的中心，中國的經濟、政治與文化必定優於其他國家。這種優越感根植於古老的中國傳統文化之中，上至皇帝貴族，下至普通士人百姓都認爲中國「居天地之中」，是世界的中心，是萬國來朝的「天朝上國」；認爲周邊各國「居天地之偏」〔註28〕，愚昧落後，是夷狄之邦，根本不值得學習和借鑒。明代後期來華的西方傳教士利瑪竇對此深有感觸，他說：「他們的世界僅限於他們的十五省，在它四周繪出的海中，他們放置上幾座小島，取的是他們曾聽說過的各個國家的名字。所有這些島嶼都加在一起還不如一個中國省大。因爲知識有限，所以他們把自己的國家誇耀成整個世界，並把它叫做天下，意思是天底下的一切……他們認爲天是圓的，但地是平而方的，他們深信他們的國家就在它的中央。他們不喜歡我們把中國推到東方一角上的地理概念。他們不能理解那種證實大地是球形、由陸地和海洋構成的說法。」「因爲他們不知道地球的大小而又夜郎自大，所以中國人認爲所有各國中只有中國值得稱羨。就國家

〔註28〕石介：《中國論》，在陳植鍔點校《徂徠石先生文集》第 117 頁，中華書局 1984 年版。

的偉大、政治制度和學術名氣而論，他們不僅把所有別的民族都看成是野蠻人，而且看成是沒有理性的動物。他們看來，世界沒有其他地方的國王、朝代或者文化是值得誇耀的。」〔註29〕這種夜郎自大的優越感，阻礙了古代中國人認識世界的腳步，此時中國人對世界的認識還是相當蒙昧和粗淺的。古代中國人長期相信的是「天圓地方」、「天運地處」的天文地理觀念，因而利瑪竇所傳入的「地圓如球」、「五帶」、「五大洲」等西方科學的地理觀念，除了徐光啓、李之藻等少數人外，並未被當時大多數的中國人所瞭解和接受，甚至還遭到他們的批駁。康熙時欽天監丞楊光先就曾批駁地圓學說，「若然則四大部州萬國之山河大地，總是一大圓球矣……所以球上國土之人腳心與球下國土之人腳心相對……竟不思在下至國土人之倒懸……有識者以理推之，不覺噴飯滿案矣。夫人頂天立地，未聞有橫立倒立之人……此可以見大地之非圓也。」〔註30〕楊光先此言今人看來當然不值一駁，引人發笑，然而在時人看來卻是擲地有聲的反駁之言。由此可見，要想打破國人原有的愚昧落後、陳腐封閉的地理觀和世界觀是如何之難。中國人這種愚昧的世界觀和地理觀終於徹底被打破，已經是在鴉片戰爭之後了，此時已經距利瑪竇入華有 260 年。鴉片戰爭之後興起的域外地理學研究，擔當了這個歷史重任。

　　鴉片戰爭之後，域外地理學研究在時代的呼應下獲得前所未有的發展，西方近代地理學觀念和知識體系開始系統的傳入中國。

（1）西方地圓學說在鴉片戰爭之後再次傳入中國，隨著域外地理學研究的興盛而獲得廣泛的傳播。

　　《海國圖志》、《瀛環志略》、《康輶紀行》和《海國四說》是鴉片戰爭之後風行海內的四部域外地理學著述，地圓學說隨之風傳而得到了廣泛的傳播。魏源在《海國圖志》中輯錄了瑪姬士《新釋地理備考》一書關於地圓如球的內容說：「昔人論地體，不過曰其長無盡，其厚莫測，上居人道，下屬鬼方，東升西沒之日月星辰，不過為地之點綴裝飾而已。又有測度而云者，地體扁圓，周圍與天邊相連，如表罩與表面相合。迨後人歷經實據，始覺地體本圓如球，昔論皆屬虛偽，故今名為地球。」〔註31〕徐繼畬在《瀛環志略》

〔註29〕利瑪竇、金尼閣著，何高濟等譯：《利瑪竇中國箚記》第 179 頁、181 頁，中華書局 1983 年版。

〔註30〕楊光先：《不得已》，1929 年石印本。

〔註31〕魏源：《海國圖志》（100 卷本）第 96 卷。清咸豐壬子（1852）古微堂重刊定本。

卷一開篇即言：「地形如球，以周天度數分經緯線，縱橫畫之，每一周得三百六十度，每一度得中國之二百五十里，海得十之六有奇，土不及十之四。」〔註32〕梁廷枏和姚瑩分別在《海國四說》和《康輶紀行》中論述說：「地形如球」〔註33〕、「地體渾圓」〔註34〕。隨著上述著作的廣泛傳播，地圓學說日益深入人心，國人心中所固有的「天圓地方」、「中華居大地之中」的觀念開始動搖了。19世紀六七十年代開始，越來越多的知識分子和官員走出國門，他們到達西方所接觸到的新的地理知識，特別是他們在海上的航行經歷，使得他們更加肯定了地形如球的觀念。晚清率領第一個官派出國考察團出國的斌椿在他的《乘槎筆記》中云：「寅刻開船，行波羅的海。北面榜山島。東南望則水天一色，見遠船一二微露檣帆，繼而止見桅尖，計遠去百里外矣。足證地球之圓，非臆說也。」〔註35〕隨斌椿一起出洋的張德彝在《航海述奇》中也表達了地形如球的觀念，他說：「天者覆萬物也，地者載萬物也。以形而言，有謂天圓地方者，有謂天形如覆蓋者，有謂天地如雞卵者，要之後說近是。蓋天形圓包於外，地形圓繫於中，故以球形擬地體，而形又分東半球、西半球。其實一體，而強分之。」〔註36〕其後，繼斌椿、張德彝之後的出國者大多都在遊記中表達了對地圓學說的肯定。李圭在《環遊地球新錄》中言：「地形如球，環日而行，日不動而地動。我中華明此理者固不乏人，而不信是說者十常八九。圭初亦頗疑之。今奉差出洋，得環球而遊焉，乃信。」〔註37〕接著，他以自己親身經歷證明說：「是自上海至費城為地球一半，中國為晝，美之東土為夜。由費城回上海亦為地球一半，美之東土為夜，中國仍為晝也。」「使地球或方，日動而地不動，安能自上海東行，行盡而仍回上海，水陸共八萬二千三百五十一里，不向西行半步歟？蓋地球如球，本無分於東西也。故環球所在，四時皆具，而日出則有遲速。中國縱橫萬餘里尚有殊，若與美國計之，則有腹背之分，是以遲速尤懸殊也。」因此

〔註32〕徐繼畬：《瀛環志略》卷1《地球》。清同治癸酉（1873）淡雲樓校刊本。

〔註33〕梁廷枏：《合省國說卷一》，《海國四說》第52頁。中華書局1993年點校本。

〔註34〕姚瑩：《康輶紀行》第498頁，黃山書社1990年版。

〔註35〕斌椿：《乘槎筆記》第128～129頁，載鍾叔河主編《走向世界叢書》第1輯，嶽麓書社2008年版。

〔註36〕張德彝：《航海述奇》第441頁，載鍾叔河主編《走向世界叢書》第1輯，嶽麓書社2008年版。

〔註37〕李圭：《環遊地球新錄》卷4《東行日記·地球圖說》，載鍾叔河主編《走向世界叢書》第6輯第312頁，嶽麓書社2008年版。

他說：「地形如球，日不動而地動，無或疑矣。」〔註 38〕李圭的航行經歷確實爲地形如球提供了確證，他對地體爲球形已經深信不疑，從他的《環遊地球新錄》中的「環遊」二字就可知曉了。1890 年，薛福成作爲公使出使英、法、意、比四國，後來他在出使日記中寫道：「天圓而地方，天動而地靜，此中國聖人之舊說也。今自西人入中國，而人始知地球之圓。凡乘輪舟浮海，不滿七十日即可繞地球一周，其形之圓也，不待言也。」「西人又創地動日不動之說，以爲地球繞日而行，每日運轉一周，積年而繞日一周，而日則終古不動。其證據確鑿，亦足自暢其說。」〔註 39〕經過以上這些出洋考察者的持續介紹和傳播，「地圓如球」觀念在晚清時期越來越深入人心。至戊戌維新變法前後，「地圓」觀念已經成爲社會各階層的一種共識，因此「地球之說，雖欲不信，而有所不能矣」〔註 40〕，即謂「地形如球」已經成爲一種無可置疑的常識。此時，不但維新派思想家承認地圓如球，就連極爲保守的王先謙、葉德輝等人也承認了這一點。王先謙就曾說：「卵形黃白，球說權輿，五洲既通，事歸實驗。」〔註 41〕因此說，戊戌維新時期「地圓如球」的科學地理觀終於全面代替了中國人固有的「天圓地方」觀念，傳統的中國地理學邁出了向近代地理學轉變的重要一步。

（2）五大洲學說的逐漸普及

　　西方的五大洲學說是在明末清初時期由來華傳教士傳入中國的，然而直至鴉片戰爭以前，它並未被中國人所接受。鴉片戰爭之後，五大洲學說也是隨著域外地理學研究的興盛而得到廣泛傳播，並深入人心的。這表現爲兩個方面：其一，鴉片戰爭後出現了很多以「五洲」命名的域外地理著作，如許彬的《五洲圖考》、蕭應椿的《五洲述略》、沈林一的《五洲屬國紀略》、藜床舊主的《五大洲述異錄》、王先謙的《五洲地理志略》等。其二，晚清時期的很多域外地理著述都詳細闡發了地球分爲五大洲的地理觀念。徐繼畬在 1848 年著成的《瀛環志略》中系統闡述了西方的五大洲學說，他說：「大地

〔註 38〕 李圭：《環遊地球新錄》卷 4《東行日記·地球圖說》，載鍾叔河主編《走向世界叢書》第 6 輯第 313 頁。
〔註 39〕 薛福成：《出使英法義比四國日記》第 499 頁，載鍾叔河主編《走向世界叢書》第 8 輯，嶽麓書社 2008 年版。
〔註 40〕 黎庶昌：《西洋雜誌》第 52 頁，載鍾叔河主編《走向世界叢書》第 1 輯，嶽麓書社 2008 年版。
〔註 41〕 王先謙：《葵園四種》第 505 頁，嶽麓書社 1986 年版。

之土，環北冰海而生，披離下垂如肺葉，凸凹參差，不一其形。泰西人分爲四土：曰亞細亞，曰歐羅巴，曰阿非利加，此三土相連，在地球之東半；別一土曰亞墨利加，在地球之西半。」但同時又在此句之下加以「自注」云：「四大土之名，乃泰西人所立，本不足爲要。今就泰西人海圖立說，姑仍其舊。近又有將南洋群島名爲阿塞尼亞洲（即澳大利亞），稱爲天下第五大洲，殊屬牽強。」〔註42〕可見，此時徐繼畬雖然接受了五大洲的觀念，但他還對此仍心存疑慮，這說明五大洲說在傳播與普及過程中的艱難與曲折性。因此，就連魏源《海國圖志》這樣一部優秀的域外地理著作也沒有採納五大洲之說，繼續沿用了林則徐《四洲志》中亞、非、歐、美四洲的劃分方法，甚至在書中專撰《國地總論——釋五大洲》一文運用佛教的四洲說對五大洲說予以了批駁〔註43〕，實在令人遺憾。然而，隨著域外地理學研究的不斷深入，包括五大洲說在內的一些近代西方的科學地理觀念逐步爲國人所接受。19世紀60年代開始，大批國人邁出國門親往西方遊歷，五大洲說逐日益普及並爲國人所堅信。1866年，清政府首批官派出國的同文館學生張德彝在《航海述奇》中就以親身經歷告訴國人說：「所有陸地分爲五大洲，在東半球者有亞細亞，有歐羅巴暨阿非利加；在西半球者，一曰南亞美利加，一曰北亞美利加，二洲之間有脛地毗連。」他還介紹五大洋說：「又有水程共分五洋，曰大東洋又名太平洋、大西洋、印度洋、南冰洋、北冰洋」，並且還介紹了數十個著名的大海，包括「紅海、黃海、黑海、黑海、白海、北海、鹹海、馬海、里海、中國海、日本海、地中海、加勒海、亞得亞海、亞爾零海、波羅的海暨阿勒富海等。」〔註44〕張德彝更在同治壬申年（1872）《再述奇·自序》中說：「天下土宇，分五大洲，邦國數百……德明（即作者張德彝）兩次奉命隨使航海，東西繞地一匝，計里十餘萬，歷國十有三，即耳目見聞，擇前述之未備者日記一二。凡事徵實，不厭其贅，非敢率爾操觚。」張德彝再次提及五大洲說，而且申明自己所述皆爲親歷親聞，「凡事徵實」，是值得相信的。薛福成在光緒十八年（1892）刊刻的《出使英法義比四國日記》中寫道：「蓋論地球之形，凡爲大洲者五，曰亞細亞洲，曰歐羅巴洲，曰亞美

〔註42〕徐繼畬：《瀛環志略》卷1《地球》。
〔註43〕魏源：《海國圖志》（100卷本）卷74。
〔註44〕張德彝：《航海述奇》第441～442頁，載鍾叔河主編《走向世界叢書》第1輯。

利駕洲，曰澳大利亞洲。」〔註45〕後來楊守敬、饒敦秩在《歷代輿地沿革險要圖》中將五大洲簡寫爲亞洲、美洲、非洲、歐洲和澳洲，並特別解釋說：「前刊五大洲地球圖，計亞細亞洲、亞美利加洲、歐羅巴洲、澳大利亞洲。茲緣五洲字句太長，特改用亞洲、美洲、非洲、歐洲、澳洲，以求簡便。」〔註46〕1894年上海積山書局刊印了同康盧編纂的《中外輿地圖說集成》一書以130卷（另有卷首3卷）的篇幅匯聚了當時大量的域外遊記和地理資料，很大程度上反映了當時域外地理研究的實際水準。從該書中即可看出，五大洲說在清末已經相當普及，成爲了一種常識。如該書第一卷《地理總說》分爲蓋地論、地理淺說、地球總論、地球志略、地理說略、地球形勢說、地理形勢考、五洲方域考、括地略等細目，總述了世界地理概況，尤其「五洲方域考」一目開篇即言：「天下水陸兩分，土分新舊，以自昔已著名謂之舊，以後時尋獲者謂之新。新舊兼合，總名五洲。舊土三洲：曰亞細亞、曰歐羅巴、曰亞非利加；新土二洲：曰亞墨利加、曰澳削尼亞。」〔註47〕宣統二年（1910）王先謙的《五洲地理志略》刊刻，比較完整的記述了五大洲215個國家和地區的地理狀況，這是一部全面總結晚清域外地理學成就的高水準著述。該書以「五洲地理志略」命名，即是對「五大洲學說」的高度肯定，作者《自序》開篇即言：「五洲環列，人虱其中。」接著敘述了五大洲的同異，「飲食衣服，男女同也。其異者，亞洲喜土著而畏遠遊，惟無俚者不然。歐人則行商徙居，莫不意輕數萬里，是故世無歐人必無美、非、澳三洲。無三洲則地球不通。故歐人者，今世界之樞紐也。亞洲，禮儀之邦。」〔註48〕同時，該書卷首特闢《釋洲》一篇，分別對亞細亞洲、歐羅巴歐洲、阿非利加洲、亞美利加洲、大洋洲（澳洲）的疆域四至和名稱由來予以了解釋。由此可見，五大洲說在清末不僅得到了普及，而且國人對五大洲的地理認識水準已經相當深入，可謂今非昔比。

〔註45〕薛福成：《出使英法義比四國日記》第77頁，載鍾叔河主編《走向世界叢書》第8輯。

〔註46〕楊守敬、饒敦秩：《歷代輿地沿革險要圖・五大洲地理圖》，清光緒五年（1879）東湖饒敦秩朱墨套印刻本。

〔註47〕同康盧主人輯：《中外輿地圖說集成》卷1《地理總說》，光緒二十年上海積山書局石印本。

〔註48〕王先謙：《五洲地理志略》卷首《自序》，清宣統二年（1910）湖南學務公所刻本。

（3）對世界各國地理認識的廣泛深入

晚清域外地理學不僅在地理學理論上更新了國人的觀念，而且傳播了大量深入細緻和成系統的世界地理知識，對世界各國的地理概況及世界主要的河流、山脈都有了比較清楚的認識。下面，我們可舉葡萄牙、荷蘭、英吉利、摩洛哥四國為例來說明這個問題。

明代人對歐洲各國的地理位置幾乎一無所知，即便是最早來華的三個國家葡萄牙、西班牙、荷蘭，明人及清初之人仍不知其國在中國何方，甚至因其在東南亞侵佔殖民的而誤把它們當作南洋國家。最早來到中國的是葡萄牙人，它們早在明代正德和嘉靖年間開始福建、浙江、廣東等沿海地區等地騷擾，並在嘉靖三十二年（1553）以欺騙的手段佔據了澳門，然而明人卻對其幾乎一無所知。明人稱葡萄牙為佛朗機。《明史·外國傳》記載說：「佛郎機近滿剌加。正德中，據滿剌加地，逐其主。十三年（1518）遣使臣加必但末等貢方物，請封，始知其名。」〔註49〕由這段文字可見，明人連葡萄牙所在地理位置都沒有弄清楚（竟然錯誤地認為在麻六甲地區附近），有關該國的具體地理情況就更無從談起了。而到了清代以後，隨著域外地理學研究的不斷發展，晚清時期的國人對葡萄牙則有了比較清晰的認識。如龔柴在《五洲圖考》中云：「葡萄牙又作波爾都加，古名盧西大尼亞。……葡萄牙有七省：曰義斯德勒馬都拉，曰米諾，曰山陰，曰上卑拉，曰下卑拉，曰亞零德人，曰亞利加爾威。義斯德勒馬都拉處南北適中之地，王都在焉。都名里斯芄，建於德人河之右，跨山臨水，清如畫圖。城內複閣崇樓，鱗街翼比。兩岸炮臺鞏固，守衛極嚴。曩時屢遭地震，患最甚者，在乾隆二十年，宮闕館舍傾頹盡淨，死者山積。後經修建，仍復舊制。居民二十四萬二千。其次伯爾多城，煙戶稠密，約得十萬六千口，物產之豐，貿易之盛，差比都城，而酒之旨且多，為通國冠。……境內萬山盤匝，有大河曰米諾，曰斗羅，曰德人，曰瓜第亞納，皆自西班牙發源。米諾為北境界，瓜第亞納分東南兩國疆域。國內氣候不齊，北境頗寒，南方溫熱迭乘，少嚴寒之令。土田肥沃，不遜他邦，惟農事不甚講求，率賴藩屬供給。物產以小麥、菽麥為大宗，亦有大麥、高粱、粟米、粳稻。樹多松楊。果富杏仁。葡萄尤夥，釀酒極甘美，販遍天下。山中蘊銅鐵礦，又產紅藍寶石。水晶、硫礦等。鹽田則沿海皆是，取之

〔註49〕張廷玉等：《明史》卷325《外國傳》，中華書局1974年版。

不竭」〔註50〕洪勳在《遊歷聞見錄》中對葡萄牙的介紹簡明扼要且更爲明晰，他說：「葡萄牙西、南面大西洋，東、北與西班牙接壤，地形長方，縱自北緯三十八度至四十二度約千里。橫曰三百八十里。國分六省：曰米諾，曰脫拉哇斯蒙脫，曰倍拉，曰愛斯脫來買提紆，曰亞耳姥堆祈哇，曰亞耳茄耳佛。轄縣十有七。得地八萬九千六百二十平方幾羅邁當，合二十九萬零三百六十八方里。大西洋之亞沙島、媽臺島亦隸葡國，地面一萬零三百九十方里，合之尙不及中國一省之大。國中有大河五，皆發源於西班牙而入大西洋者。內地多山溪，道紆水淺，不通舟楫。其都城曰里斯琫，在國之西南隅，大西洋海灣之內，極得形勝，故或以葡爲大西洋國，指海口言之也。其北邊海口曰博耳多，亦市埠之大者。」〔註51〕這裡不僅準確的表述了葡萄牙的地理位置，而且對其國的領土面積、主要地貌、行政區劃、河流和城市都有一定的介紹，而且較爲明晰，可見晚清域外地理知識的明顯進步。

　　再如荷蘭。荷蘭和葡萄牙、西班牙一樣，也是較早來到中國的國家。荷蘭人於萬曆三十一年（1603）來到澳門，開始在我國東南沿海進行侵略騷擾活動，並在崇禎十五年（1642）年打敗了西班牙人，侵佔了臺灣。對於這樣較早來到中國的國家，明代及清初中期的人對荷蘭的認識卻相當有限，僅僅根據他們的長相稱之爲「紅毛番」，對其國的具體地理方位所在也說不十分清楚。如《明史・外國傳六・荷蘭》記載荷蘭曰：「和蘭，又名紅毛番，地近佛朗機。永樂、宣德時，鄭和下西洋，歷諸數十國，無所謂和蘭者。其人深目長鼻，髮眉鬚皆赤，足長尺二寸，欣偉倍長。」至清乾隆官修《皇清職貢圖》時，國人對荷蘭的認識並沒有多少進步，該書曰：「荷蘭又名紅毛番，地近佛朗機，明萬曆間長駕大艦泊香山澳，求貢市，不果。已而入閩，據彭湖，侵臺灣地。」鴉片戰爭之後的域外地理著作對荷蘭的認識有了很大進步，如《瀛環志略》云：「荷蘭（和蘭、賀蘭、法蘭得斯），歐羅巴小國也。東界日爾曼，南界比利時，西北距大西洋海。縱約六百五十里，橫約三百五十里，壤地褊小，夷坦無山，歐羅巴地形此最低陷，海潮衝齧，劃爲洲渚，港道縱橫交貫，其地沮洳卑濕，而土脈最腴。民習水利，善築堤防、開溝洫，又善於操舟，能行遠，故歐羅巴海市之同行，自荷蘭始。……地分十一部。北荷蘭……南

〔註50〕冀柴：《五洲圖考・歐羅巴洲・葡萄牙》，清光緒二十四年上海徐家匯印書館印本。
〔註51〕洪勳：《遊歷聞見錄・葡萄牙內編・疆域》，清光緒十六年（1890）石印本。

荷蘭……斯蘭德亞……北巴拉班的……烏德勒支……給爾德勒……德倫得……屙威爾義塞耳……非里薩……哥羅凝加……靈不爾厄。」〔註52〕

　　再如鴉片戰爭的罪魁禍首英國，直至鴉片戰爭時期，國人對之依然蒙昧無知。在清朝早期介紹英國的著作中，長期將之與荷蘭聯繫在一起，都通稱爲「紅毛番」或「紅毛夷」，並稱英國爲「英機黎」或「英圭黎」等。「紅毛番」或「紅毛夷狄」乃是當時國人對當時歐洲民族或從屬於歐洲的殖民地民族的模糊性稱呼，因爲他們對西方各國分辨不清。乾隆朝官修的《皇清職貢圖》、《清朝文獻通考‧四夷考》中都錯誤的稱英國爲荷蘭屬國，甚至錯誤地認爲英人是中國西南部的夷人。將英國首次翻譯爲「英吉利」三字的，乃是成書於乾隆十六年（1751）的《澳門紀略》一書，然而該書卻錯誤的認爲英國是從荷蘭獨立出來的國家。鴉片戰爭以前又有傳言，荷蘭爲英國所併，乃至對域外知識素有研究的學者俞正燮所著的《癸巳存稿》（按：約 1833 年刊印）中都錯誤的認爲：「荷蘭今多併入英吉利。」〔註53〕這些不辨眞僞的認識，眞是讓人哭笑不得。鴉片戰爭的隆隆炮聲，終於驚醒了對英國茫然無知的國人，他們開始廣泛搜集信息去全面的認識這個「夷狄」之邦。於是，鴉片戰爭之後國人對英國的認識開始不斷加深，對英國的歷史及地理狀況也逐步清晰起來。如魏源《海國圖志‧英吉利國廣述上》引《地球圖說》云：「英吉利國東、南、西、北四面都界海，其二島：一名必力且，一名愛耳蘭。又南曰英蘭島，北曰蘇各蘭島。英蘭之民曰一千六百萬，都城地名倫敦，城內民百五十萬，大半耶穌教，小半天主教。國內義學不少，而極大書院有二。江一，曰坦米斯。土產羽毛、布呢、嗶嘰、帛布、羊毛布、綢緞、瓷器、煤炭、皮貨、錫、銅、鐵、鉛等物。蘇各蘭之民約二百六十二萬，統屬耶穌教。蓋二島本係二國，明朝始合爲一。土產羊、牛、煤炭、羊毛等物。再西方有一島，名愛耳蘭，百姓曰八百萬。城名特拔林，城內民三十萬，大半天主教，小半耶穌教。民食番薯、大麥、奶餅、豕肉。愛耳蘭於嘉慶五年間，亦與英國併合。其民窮苦，歲徙居於花旗等國。」〔註54〕梁廷枏《海國四說‧蘭侖偶說》介紹英國云：「其國名曰英吉利（按：《明史》有曰丁機宜者。據《海國聞見錄》，丁機宜在南海。不過音偶相似。其稱英機黎者，在西海，方爲今之英吉

〔註52〕徐繼畬：《瀛環志略》卷 6《荷蘭國》。

〔註53〕俞正燮：《癸巳存稿》卷 6，載楊尚文輯「連筠簃叢書」，清道光 29 年（1849）靈石楊氏刻本。

〔註54〕魏源：《海國圖志》（100 卷本）卷 51《英吉利國廣述上》。

利。曰列的不列顛譜厄利，曰英倫的，曰英圭黎、英吃黎、英機黎。皆譯音異耳。），亦曰英倫。……國在歐羅巴極西之地，三島並懸於領墨、荷蘭、佛蘭西間。本國四面距海，南與佛蘭西隔一港，東近荷蘭、羅馬，邊臨海與士干里那威耶對峙。由散爹哩北少西，往西洋呂宋、佛蘭西，二月乃抵。其地界以內，平蕪數百里。西抵蘭的，多大嶺高山。北至北極洋。廣五萬七千五百六十方里。人千四百十有八萬有奇。凡領部落五十有三。」〔註55〕

　　晚清時期的國人對非洲國家的認識也有了很大的進步。如非洲的摩洛哥，明人對其幾乎一無所知，而意大利傳教士艾儒略的《職方外紀》於 1623 年付梓，嚮明末清初之人介紹了摩洛哥，然而非常的簡略。《職方外紀》稱摩洛哥爲「馬邏可」，書中記載云：「阨入多近地中海一帶爲馬邏可與弗沙國。馬邏可地分七道，出獸皮、羊皮極眞美。蜜最多，國人以蜜爲糧。其俗最以冠爲重，非貴入老人不得加冠於手，僅以尺布蔽頂而已。」〔註56〕清末時期，對摩洛哥的認識已經相當準確，如王先謙《五洲地理志略》云：「摩洛哥。慕《志》云：緯線自赤道北二十八度至三十六度，經線自中國順天偏西百十四度至百二十七度，長千八百里，廣二千八百里。雷《志》云：專制國，樋《志》云：君長稱蘇爾丹。《講義》云：皇帝稱耶米爾阿爾西尼（取義爲眞信者之君）。七世紀末，阿剌伯人始占居之。徐《志》摩洛哥與雷同（馬羅各、馬落可、摩樂哥），云在阿爾及耳之西，北枕地中海，西距大西洋，南界撒哈拉沙漠。地勢由東北而西南，長二千五百里，廣千五百里。有大山曰亞德拉斯，橫亙國中。沙磧環市，田少而腴，駝、馬蕃庶。夏令酷熱，海風解之。沙漠薰風，峻嶺蔽之。故地氣溫平，少疾疫。居民六百萬，皆紅帽回回。本阿剌伯屬國，土耳其既興，海南諸邦席捲無遺，獨摩洛哥以窵遠獲全，而阿剌伯衰弱已甚，無復羈縻，遂獨立爲海西回國。俗好擄掠，得他國之人，強入回教，從則釋之，否則囚錮爲奴。近年英、法人遭擄掠者數千，兩國以兵船攻之，圍其都城，其王震恐，盡消。內阿雅欣山高萬四千百五十英尺，及撒哈拉之一分無可航之水道。《講義》云：國內分三部：一海岸至高地，二中央山地，三撒哈拉沙漠。千八百九十五年，准英國於鳩庇角設製造所。」〔註57〕由此可見，清末時期對摩洛哥的認識，不僅對其國的方位

〔註55〕梁廷枏：《海國四說‧蘭侖偶說卷二》，中華書局 1993 年標點本，第 118～120 頁。
〔註56〕（意）艾儒略著，謝方校釋：《職方外紀校釋》第 112 頁，載《諸蕃志校釋‧職方外紀校釋》，中華書局 2000 年版。
〔註57〕王先謙：《五洲地理志略‧非洲一‧摩洛哥國》，清宣統二年（1910）湖南學

有了準確的認識，而且對其國的地勢地貌、物產風俗、行政區劃、宗教信仰、山脈河流都有較爲詳細的認識。

綜上所述，可知晚清時期的域外地理認識已經有了突飛猛進的進步，對世界各國的地理都已經形成了較爲深入、系統和準確的認識。而晚清域外地理學知識的進步也促進了中國傳統地理學學術觀念的更新，從而也加速了傳統地理學研究向近代地理學學術研究的嬗變。

2. 晚清域外地理著述傳播了近代西方的科技文明。

鴉片戰爭的空前慘敗，使清朝統治者和國人的心靈都受到了空前的震撼。他們在感歎英國侵略者船堅炮利的同時，更感覺到自己國家的科學技術的落後。於是，鴉片戰爭之後一股要求向西方學習先進技術的思潮開始興起，魏源的《海國圖志》中所提出的「師夷長技以制夷」的思想就是其中的典型代表。在這種思潮的推動下，19 世紀六十年代以向西方學習爲主要特徵，以「求富」、「求強」爲主要宗旨的洋務運動開始興起。而要瞭解和學習西方，西方列強的歷史和歷史狀況首先是需要瞭解的，於是域外地理學順應時代需要而興起和繁榮。同時，域外史地學研究的進步促進了近代西方科技文明在中國的傳播，因爲域外史地學著述中蘊涵了大量近代西方科技文明的知識。

魏源的《海國圖志》首先是推介西方近代科技文明的身體力行者，該書以將近五分之一的篇幅專門記述西方近代的科學技術，對西方科學技術推動社會進步作用有著較爲深刻的認識，書中寫道：「今西洋器械，借風力、水力、火力，奪造化，通神明，無非竭耳目心思之力，以前民用。因其所長而用之，即因其所長而制之，風氣日開，智慧日出，方見東海之民，猶西海之民，雲集而鶩赴，又何暫用暫輟之有？……而西史言，俄羅斯之比達王，聰明奇傑，因國中技藝不如西洋，微行於他國船廠火器局，學習工藝，返國傳授，所造器械反甲西洋，由是其興勃然，遂爲歐羅巴洲最雄大國。」〔註58〕此處魏源不但力辯解近代西方科學技術皆爲「有用之物，即奇技而非淫巧」，而且還說明了科學技術對社會進步的推動作用，同時還以俄國彼得大帝通過學習西方先進技術而使國家富強的實例證明了科學技術的巨大作用。實際上，這是魏源從「師夷」角度出發，提出了學習西方先進技術的思想。魏源

務公所刻本。

〔註58〕魏源：《海國圖志》（100 卷本）卷 2《議戰》。

認為，在學習西方的過程中，不但要建造足夠數量的戰艦、火炮以防禦列強入侵，還需繼續造船以供商用，使中國的商船能同西洋的大船一樣不畏風濤，遠涉重洋。凡是有益於國計民生的各種器具，如「量天尺、千里鏡、龍尾車、風鋸、水鋸、火輪機、火輪舟、自來火、自轉碓、千金秤之屬，凡有益於民用者，皆可於此造之。」〔註 59〕不僅如此，如果「沿海商民，有自願設廠局以造器械，或自用，或出售者，聽之。」〔註 60〕這樣發展下去，中國才能夠富強起來，「國以人興，功無倖成，惟勵精淬志者，能足國而足兵。」〔註 61〕魏源在《海國圖志》中百卷本與近代西方文明直接相關的篇目有：卷八十四，僞造戰船議；卷八十五，火輪船圖記；卷八十六，鑄造戰模圖記；卷八十七，仿鑄洋炮議、炸彈飛炮說、炮車炮圖說；卷八十八，西洋用炮測量記上；卷八十九，西洋用炮測量記下；卷九十，西洋炮臺記；卷九十一，西洋自來火銃法；卷九十二，攻船水雷圖記上；卷九十三，攻船水雷圖記下；卷九十四，西洋技藝雜述；卷九十五，西洋遠鏡做法；卷九十六，地球天文合論一；卷九十七，地球天文合論二；卷九十八，地球天文合論三；卷九十九，地球天文合論四；卷一百，地球天文合論五，等等。《海國圖志》在敘述域外史地狀況的同時，還特別介紹了西方近代的科學技術，爲國人學習和瞭解西方科技文明提供了方便。這種撰述安排，爲後來的域外地理著述紛紛倣仿，頗具影響。

　　19 世紀 60 年代之後，國人紛紛走出國門，前往西方實地旅行和考察，這爲他們近距離的感受和瞭解近代西方科技文明提供了便利。他們紛紛把考察實況撰成遊記，記載見聞，表達內心的眞實感受。同治六年（1867），王韜應英國漢學家理雅各之請赴歐洲，同治九年十二月（1871 年 1 月）回到香港，撰成《漫遊隨錄》三卷。這是王韜旅居英法兩國的一部見聞遊記，但記述了很多英、法等歐洲各國的文化和科學技術發展狀況。王韜甫一到達歐洲，便深感「眼界頓開，幾若別一世宙。」他在法國重點參觀了盧浮（魯哇）宮和萬國博覽會，爲法國的文物收藏和科技進步深深吸引。他在英國「每日出遊，遍歷各處。嘗觀典籍於太學，品瑰奇於各院，審查火機之妙用，推求格致之精微」，對英國的科學技術產生了濃厚的興趣。如他在《漫遊隨錄》

〔註 59〕魏源：《海國圖志》（100 卷本）卷 2《議戰》。

〔註 60〕魏源：《海國圖志》（100 卷本）卷 2《議戰》。

〔註 61〕魏源：《海國圖志》（100 卷本）卷 2《議戰》。

卷二《製造精奇》一節中介紹英國的現代科學說：「英國以天文、地理、電學、火學、氣學、光學、化學、中學爲實學，弗尚詩賦詞章。其用可由小而至大，其由天文知日月五星距地之遠近、行動之遲速，日月合璧，日月交蝕，彗星、行星何時伏見，以及風雲雷雨何所由來。由地理知萬物之所由生，山水起伏，邦國大小。由電學知天地間何物生電，何物可以防電。由火學知金木之類何以生火，何以防火。由氣學知各氣之輕重，因而製氣球，造氣鐘，上可凌空，下可入海，以之察物、救人、觀山、探海。由光學知日月五星本有光耀，及他雜光之力，因而創電燈，變光彩，辨何物之光最明。由化學、重學辨五金之氣，識珍寶之苗，分析各物體之質。又知水火之力，因而創火機，製輪船火車，以省人力、日行千里，工比萬人。穿山、航海、掘地、濬河、陶冶、製造以及耕織，無往而大非火機，誠利器也。」〔註62〕作者在這寥寥數百字間將西方近代科學技術及其功效予以了高度概括，並且還指出了中國傳統文化與西方文化的很大不同點，那就是西方重科學而「弗尚詩賦文章」。可見，作者對西方文化的觀察思考是相當深入的。光緒二年（1876），李圭以第一個中國工商業代表身份參加了美國費城舉行的萬國博覽會，著成旅外遊記《環遊地球新錄》，他根據親身經歷記述了歐美國家發達的近代科技文明。李鴻章在《環遊地球新錄·序》中對李圭所記深爲讚賞：「大自通商以來，泰西諸國日出，其聰明寸力以相角逐，凡可爲富強計者，若鐵路、電線、車軓、炮械之屬，轉相仿傚，務極新奇。而於商務尤所措意。捨是則無以自立其國，匪特習尚所在，蓋亦時勢使然也。是錄於物產之盛衰，道里之險易，政教之得失以及機器製造之精巧、人心風俗之異同，一一具載。其非耳目所及者，則略焉弗詳。圭之此行爲不虛矣。」〔註63〕確實，李圭對歐美工商製造方面的成就尤爲措意。他在參觀費城博覽會的「機器院」後打開眼界，他記述說：「合院陳器甚夥，則有掘煤機、吸水機、陶冶機、墾地濬河機、運舟車機、燃槍炮機、印字機、抽繭絲機、紡棉理麻機、織機、染機、造紙機、裁縫機。大小各機，弗可悉數。蓋無物不藉機而成造」〔註64〕進而，他還特地詳細記述了功率達 1500 馬力的柯林斯（Corliss）蒸汽機，號稱當時

〔註62〕王韜：《漫遊隨錄》卷 2《製造精奇》。
〔註63〕李鴻章《環遊地球新錄·序》，載李圭《環遊地球新錄》卷首。載鍾叔河主編《走向世界叢書》第 6 輯，嶽麓書社 2008 年版。
〔註64〕李圭《環遊地球新錄》卷 1《美會紀略》。載鍾叔河主編《走向世界叢書》第 6 輯，第 222 頁，嶽麓書社 2008 年版。

「全世界最偉大的機器」。他記載道：「院正中置大機器一副，輪徑三丈餘，力抵馬一千五百匹，專以輪激受他處蒸汽，（院外另有屋置水火二器），由鐵管宛轉達於各器所。大輪動，則院中各器凡需蒸汽者，皆藉氣以運動。其有不需蒸汽唯藉皮條扯動者，各器有大小輪盤纏皮條套梁際鐵軸之輪盤，亦可隨時撥動運用，如吸水、印字、紡織、鋸、磨諸器咸賴焉。器名哥阿力司，爲美人哥阿力司手製，故以其名名其器。每日未出機動。如此大器，動時無甚聲響，且一人即可運之，是可異也。」〔註65〕李圭讚歎說：「美國地大人稀，凡一切動作，莫不侍機器以代人力。故其講求之力，製造之精，他國皆不逮焉」「機者，機器也；運機者，又機器也。於以歎今宇宙，一大機局也。此院又機器之所充塞也。具機心者，尚且精益求精，巧益思巧。此出一器，彼仿行之。爾爭我競，莫可底止。何怪機變之事，日出而日盛，且日盛而日新哉！吾華有言：『有機事者，必有機心，古人所不爲也。』而今則不能概論矣。大機心用於器物，唯以利國利民，而弗爲身家謀，則機心亦何嘗不可用？是機器正當講求，不得援古人桔槹之說，概謂機器不當用，凡機器之可以利民者，置諸弗取也。」〔註66〕李圭以美國爲例讚揚了機器製作的進步性，並且批評了某些抱殘守缺的國人盲目排斥和反對使用機械的觀點，從正面積極的肯定了機器大生產的進步意義，還大聲疾呼「機器正當講求」，這種超前的識見實在令人感佩。

　　徐建寅是晚清著名科學家徐壽之子，他也是一位科學家。徐建寅於光緒五年（1879）受李鴻章委派前往德國訂購鐵甲兵船，同時考察兵工、機械和化學工廠，前後歷時三載，著成旅歐遊記《歐遊雜錄》。《歐遊雜錄》是中國科學技術人員第一次對歐洲近代工業系統考察的實錄，在近代中西交流和技術科學發展史有著重要地位。根據鍾叔河先生據《歐遊雜錄》記載統計，徐建寅先後參觀了柏林格致院、放槍院、機器印書廠、羅物機器廠、巴黎礦物院、機器博物院、自來水廠、油燭肥皂廠、玻璃廠、肥皂香水廠、克路蘇鋼廠、造火磚廠、里昂染絲廠、商務學堂、山沙孟鐵廠、汕得天煤礦、巴黎運河船閘、千里鏡廠、石灰廠、柏林官瓷廠、儀器廠、信部博物院、汽車廠、造光學器廠、西門司電機廠、農器會、試槍處、造假石廠、格致器具店、玻

〔註65〕李圭《環遊地球新錄》卷1《美會紀略》。載鍾叔河主編《走向世界叢書》第6輯，第223頁。

〔註66〕李圭《環遊地球新錄》卷1《美會紀略》。載鍾叔河主編《走向世界叢書》第6輯，第222～223頁。

璃器廠、漢堡杜屯好夫火藥局、運河雙閘、棉花火藥廠、製桶廠、製皮廠、胡采夫火藥廠、化學作坊、基爾天文臺、河東船廠、水雷庫、炮臺、磨坊、哈茨礦區、柏林河閘、機器廠、西門子電器廠、刷次考甫廠、瓷器會、儀器廠、司旦丁伏爾鏘船廠、皮件作坊、羅物機器廠、倫敦森達茂廠、怕麻船廠、樸資茅斯船廠、倫敦來得廠、格拉斯哥訥比爾船廠、愛勒達船廠、曼雪勒船廠、灑門司船廠、蘇格蘭鋼廠、設非爾得布郎鋼廠、卡米里鋼廠、海部營造司、柏林水雷廠、銅件廠、煉銅廠、電報機廠、印片坊、埃森克虜伯工廠、司旦丁伏耳鏘廠、羅乏機器廠、西門子電器廠、銅廠、烏盆叻夫毛式槍長、胡脫微爾杜屯好夫火藥廠、卡而斯胡彈殼廠、法蘭克福砂輪廠、柏林鑄銅小件廠、印刷廠、印地圖廠、司旦丁伏耳鏘船廠、賽門敦石灰廠、化學材料廠、柏林刷次考甫廠、柏林造鑄鐵路處、柏林蠟像院等工廠和單位〔註67〕。徐建寅參觀了歐洲國家的80多個工廠和科技單位，考察了近200項工藝設備和管理方法，這些都在《歐遊雜錄》中有較爲詳細的記述。如他在光緒六年五月初一日記載的製作高腳玻璃杯的工藝方法說：「見作高腳大杯法：中手先用鐵管蘸玻料，吹成一泡。上手另做成一足，其法以鐵管黏料一塊，在鐵板上輥令略長，橫架於二橫木上轉動。一手執鐵夾夾之而轉，即成粗細各節。又用雙叉之夾，橫夾其端而轉之，即成底圓板。將鐵管授與下手，而上手另執一鐵管，蘸料少許，來黏連於底圓板之中心；而在足上端割之，得應有之長，打斷入火，稍加熱取出，對中手玻泡之中心黏連。即在玻泡連鐵管處割斷，入火加熱，以鐵條入中孔而轉玻泡，使口孔漸張大。再用木夾，一支在內，一支在外，夾而轉之，至成合式之形，全用手工。」「作小杯法：蘸料吹成玻泡，亦以木槌切之。旋轉其泡，留底甚厚。用鐵夾夾之旋轉，而成足之大小各段。另以一鐵管蘸料少許，周繞其足之端，用雙夾夾而轉之，成底圓板。再以一鐵管黏連其中心，而在泡之口割下，再入火加熱，而用鐵夾張開之，如前法。」〔註68〕由此可見，徐建寅觀察之細緻，學習之專心，說明他能成爲晚清時期的一位著名技術專家絕不是偶然的。

像魏源、李圭和徐建寅一樣在著作中記述近代西方科技知識的域外地理研究者，在晚清時期是屢見不鮮的。他們紛紛在著述中向國人介紹了先進的

〔註67〕鍾叔河：《一個技術專家的腳步》，載王韜：《歐遊雜錄》卷首，鍾叔河主編《走向世界叢書》第6輯，嶽麓書社2008年版。

〔註68〕徐建寅：《歐遊雜錄》卷上，第692～693頁。鍾叔河主編《走向世界叢書》第6輯，嶽麓書社2008年版。

科技文化知識，展示了近代西方科技文明在社會進步中的巨大作用，一定程度上激發了國人學習和瞭解西方近代科技的興趣，傳播了近代的科技觀念，在很大程度上推動了國人思想觀念的更新。因而，從某種意義上說，近代西方科技觀的傳播一定程度上具有著思想啓蒙和解放的意義。

3. 傳播了近代西方的民主政治觀念

晚清時期的域外地理學研究承當著瞭解和學習西方的歷史使命。爲了禦侮圖強和挽救民族危亡，「師夷長技」成爲晚清國人的當務之急，因此晚清的域外地理著述對近代西方的科技文明表現出了濃厚的興趣和極大的關注度，這一點在域外地理著述的表現是十分明顯的。然而，我們也應該看到此時的域外地理著述對近代西方的民主政治制度也予以了頗多的關注和介紹，儘管這與對西方科技文明的關注度相比有所遜色。但是就域外地理著述向國人介紹和傳播西方近代民主政治這一點來說，它也具有很重要的思想啓蒙和解放意義。

魏源在《海國圖志》中不僅廣泛的介紹了西方近代的科學技術，而且對西方近代的資本主義民主政體產生了濃厚興趣，羨慕不已。他原來在《海國圖志》50 卷本中就對美國獨立戰爭與民主政體大加讚賞，表示了由衷的讚譽。他說：「嗚呼，彌利堅國非有雄才梟傑之王也，渙散二十七部落，渙散數十萬黔首，憤於無道之虎狼英吉利，同仇一倡，不約成城，堅壁清野，絕其餉道，遂走強敵，盡復故疆，可不謂武乎？創開北墨利加者佛蘭西，而英夷橫攘之，憤逐英夷者彌利堅，而佛蘭西助之，故彌與佛世比而仇英夷，英夷遂不敢報復，遠交近攻，可不謂智乎？二十七部酋分東、西二路，而公舉一大酋總攝之，匪惟不世及，且不四載即受代，一變古今官家之局，而人心翕然，可不謂公乎？議事聽訟，選官舉賢，皆自下始，眾可哥之，眾否否之，眾好好之，眾惡惡之，三占從二，捨獨徇同，即在下預議之人，亦由先公舉，可不謂周乎？」〔註 69〕這裡，魏源不僅熱情謳歌了美國反抗英國壓迫而進行的獨立戰爭，而且對美國僅設統領、不設國王、「議事聽訟，選官舉賢，皆自下始」的資本主義民主政治制度表示了仰慕之情。而魏源在 1852 年將《海國圖志》增補爲百卷本的《後敘》中更宣稱：「至墨利加北洲（美國）之以部落代君長，其章程可垂奕世而無弊。」〔註 70〕即是他認爲美國這種

〔註69〕魏源：《海國圖志》（50 卷本）卷 38《外大西洋·墨利加洲總敘》，清道光 24年（1844）古微堂木活字本。

〔註70〕魏源：《海國圖志》（50 卷本）卷 38《外大西洋·墨利加洲總敘》，清道光 24

民主制度具有永恆的價值，可以「垂奕世而無弊」。

繼魏源之後，梁廷枏在《海國四說》中對較爲進步的美國民主共和制度作了重點研究，對美國的總統任期制、議會制度和司法制度深爲讚賞，他對美國民主共和制度的認識較魏源更深入一層。他首先在書中引述了美國政制的大概，「通國設一統領，又設一副統領爲之佐，使總理各省之事。週四年則別舉以代之，是爲一次。其爲眾所悅服，不欲別議者，得再留四年。雖賢，不能逾八年兩次以外……。其下則爲議事閣官，省各二人。又下爲選議處官，省各數人。歲以十二月第一次禮拜，咸集國之公所，凡國內農桑、工藝、兵糧、市易、賞罰、刑罰及賓客往來，修築基橋諸務，悉於是日議之。議雖定，慮猝有更正，故與議官有即返其省者，有留數月者。次年復以期至，率以爲常。」〔註71〕梁廷枏對美國的這種民主共和制度讚歎地說：「予蓋觀於米利堅之合眾爲國，行之久而不變，然後知古者『可畏非民』之未爲虛語也。彼自立國以來，凡一國之賞罰、禁令，咸於民定其議而後擇人以守之。未有統領，先有國法。法也者，民心之公也。統領限年而易，殆如中國之命吏，雖有善者，終未嘗以人變法。既不能據而不退，又不能舉以自代。其舉其退，一公之民。持鄉舉里選之意，擇無可爭奪、無可擁戴之人，置之不能作威、不能久據之地，而群聽命焉。蓋取所謂視聽自民之茫無可據者，至是乃彰明較著而行之，實事求是而證之。爲統領者，既知黨非我樹，私非我濟，則亦惟有力守其法，於瞬息四年中，殫精竭神，求足以生去後之思，而無使覆當前之餗斯已耳。又安有貪侈兇暴，以必不可固之位，必不可在之時，而徒貽其民以口實者哉？」〔註72〕這裡，梁廷枏是從更深層次上解讀了美國民主共和政治制度的作用和特點，肯定了民主選舉在監督和防範總統濫用職權方面的積極意義，而且還特別提出了法制在資本主義制度中的重要作用，認爲堅持法治而不以人易法才是美國政治清明、國力強盛的根本基礎。他的這種認識，在當時來說是十分難能可貴的。

徐繼畬在所著《瀛環志略》中也高度評價了美國的民主共和制度，他寫道：「華盛頓，異人也。起事勇於勝、廣，割據雄於曹、劉。既已提三尺劍，開疆萬里，乃不僭位號，不傳子孫，而創爲推舉之法，幾於天下爲公駸駸乎

年（1844）古微堂木活字本。
〔註71〕梁廷枏：《海國四說·合省國說卷二》，中華書局 1993 年標點本，第 72～73 頁。
〔註72〕梁廷枏：《海國四說·合省國說序》，中華書局 1993 年標點本，第 50 頁。

三代之遺意。其治國崇讓善俗，不尚武功，亦迥於諸國異。余嘗見其畫像，氣貌雄毅絕倫。嗚呼！可不謂人傑矣哉。」「米利堅合眾國以爲國，幅員萬里，不設王侯之號，不循世界之規，公器付之公論，創古今未有之局，一何奇也，泰西古今人物能不以華盛頓爲稱首哉。」〔註 73〕徐繼畬能在清王朝封建統治尙還較爲鞏固的時候，敢於讚揚華盛頓創立民主共和制度，「不僭位號，不傳子孫」，而將「公器付之公論」，確實難能可貴。

　　魏源、梁廷枏和徐繼畬的域外地理學研究，初步向國人介紹和傳播了西方的民主選舉的政治制度，具有著重要的思想啓蒙意義。然而，他們對西方政治制度的瞭解和研究處於一種朦朧、好奇和粗淺的階段，尙還未能對西方的政治制度做深層次的剖析，達到自覺的學習和借鑒西方制度的階段。

　　從 19 世紀六十年代開始，很多域外地理研究者得以親身前往西方遊歷，考察西方的科技與政治。這種親身考察的經歷，加深了他們對西方民主政治制度的認識。因而，他們能夠從較深層次上去剖析和認識西方的民主制度，認識到實行民主政治制度才是歐洲列強得以國富民強、政治清明的根本原因。如王韜就曾指出：「勢觀泰西各國，凡其駸駸日盛，財用充足，兵力雄強者，類皆君民一心，無論政治大小，悉經議院妥酌，然後舉行。故內則無苛虐殘酷之爲，外則有捍衛保持之誼，常則盡戀遷經營之力，變則竭急公赴之忱。如心志之役股肱，如手足之捍頭目。所以遠涉重瀛，不啻本境，幾忘君民之心，惟期國運之昌，數十年來，中原之大，皆其足跡所及，此其明效大驗也。」〔註 74〕王韜高度肯定了歐美議會制的民主共和制度，認爲民主共和制度可以消除暴政，鞏固民心，團結民眾，從而可以上下一心的建設國家，達到國富民強的境地。進而，王韜深入分析了西方議會民主制度之所以能取得如此成就的原因，他說：「國會之設立，惟其有公而無私，故民無不服也。歐洲諸國類無不如是。即有雄才大略之主崛起於其間，亦不能少有所更易新制變亂舊章也，偶或強行於一時，亦必反正於後日，拿破崙一朝即可援爲殷鑒。夫如是則上下相安，君臣共治，用克垂之久遠，而不至於苛虐殄民，貪暴失眾。蓋上下議員悉由公舉，其進身之始，非出乎公正則不能得，若一旦舉事不當，大拂乎輿情，不洽於群論，則眾人得推擇之，亦得而黜陟

〔註 73〕徐繼畬：《瀛環志略》卷 9《北亞墨利加米利堅合眾國》。
〔註 74〕王韜：《弢園文錄外編》卷 3《達民情》，上海書店出版社 2002 年點校本，第
　　　56 頁。

之，彼即不恤人言，亦必有所顧忌而不敢也。」〔註75〕難能可貴的是，由
議論西方議會民主制優長所引發，王韜還對中國的封建君主專制制度進行了
批駁，他說：「中國則不然。民之所欲，上未必知之而與之也；民之所惡，
上未必察之而勿之施也。任司牧之權，於簿書、錢穀、刑戮、鞫訊外，已無
他事矣。其民之生計若何，困苦若何，爲撫字，爲鞫謀，貿貿然不暇計也。」
〔註76〕有上述可見，王韜在讚美和議論西方民主政治制度的同時，對西方
民主共和制度的優長予以深層次的分析和解讀，而且對中國的封建政治制度
予以了一定程度的批判，這具有著相當進步的意義。和王韜一樣，崔國因和
傅雲龍對美國的議會民主制深爲傾慕。崔國因在《出使美日秘日記》將美國
的議會民主制度讚譽爲「至美」、「至公」與「實事求是」的政治制度。他說：
「因居美國，兩見開議院矣。將開議院之前十日，美外部分送各國公使准入
議院評據一張，可持之以入，一擴聞見，意至美矣。院式圓，空其中，環而
坐，各有案，紙筆均備。有所見，則書於紙，刊於報，示至公也。無酬應之
煩，囂雜之習，拘束之勞，寬其禮數，而實事求是。」〔註77〕傅雲龍在《遊
歷美利加圖經》中首先詳細介紹了美國三權分立的政治體制，「一曰立法之
權，國會是也； 口行法之權，伯甲璽天德（按：總統的譯音）是也；一曰
定法之權（亦曰執法），律政官是也」，進而強調說：「美利加合眾國一民主
之國也，與君主之國制異，厥制以會議爲法，以齊民爲政，以上下無隔閡爲
權利」〔註78〕，並肯定了這種政治制度，「意謂民欲聯邦如一，興利除害，
爰及子孫，永享權利。」〔註79〕「公器聽之公論，抑何偉歟！」〔註80〕顯
然，王韜、崔國因、傅雲龍等人對西方民主制度的認識，較之魏源、梁廷枏
和徐繼畬前進了一步。他們能夠在敘述這些民主政治制度具體內容的同時，
對這些制度的優點、長處及其運行的內在機理都能進行一定深度的分析。尤
爲值得引起注意的是，他們在讚美和推介歐美民主政治制度的同時，也認識
到了這種制度的弊端，如晚清五大臣之一的戴鴻慈就曾指出「美爲民主之

〔註75〕王韜：《法國志略》卷16《志國會》，光緒十五年（1889）弢園鉛印本。
〔註76〕王韜：《弢園文錄外編》卷3《達民情》，上海書店出版社2002年點校本，第
　　　 56頁。
〔註77〕崔國因：《出使美日秘日記》第184頁，黃山書社1988年版。
〔註78〕傅雲龍：《遊歷美利加圖經》卷30《國事志》。
〔註79〕傅雲龍：《遊歷美利加圖經》卷30《國事志》。
〔註80〕傅雲龍：《遊歷美利加圖經》卷10《華盛頓傳》。

國，弊亦隨之」〔註 81〕，並且對其弊端一一進行了分析。儘管戴鴻慈的分析會有所偏頗，但他能在肯定一種制度的同時，還能對其弊端進行一定的分析，這說明了國人在對西方政治制度認識程度上的提高。總之，晚清域外地理著作和遊記中蘊含著大量的西方民主政治知識，這些著作的廣泛流傳，共同促進了民主政治觀念在晚清中國的傳播，爲民主共和制度在民國的創立提供了早期的輿論準備。

　　總的說來，晚清時期的域外地理學研究取得了令人矚目的學術成就。晚清域外地理學研究不僅產生了大量學術成果，培養了一批域外地理學研究的學者，形成了域外地理學的一個研究階段性高潮，而且還傳播了科學的地理觀念、近代西方的科技文明與民主政治制度，這對於晚清時期地理學的學術發展以及晚清國人思想觀念的更新都產生了重要而深遠的歷史影響。因此，晚清域外地理學研究在中國學術史上佔有非常重要的地位。

〔註81〕戴鴻慈：《出使九國日記》卷首《自序》。鍾叔河主編《走向世界叢書》第 9
　　　　輯，嶽麓書社 2008 年版。

凡 例

一、本書收錄晚清時期（1800～1911）出版的由中國人所撰著或輯譯的域外地理著作及域外遊記著作。

二、本書收錄主要爲單行本，並酌情收錄若干編入《小方壺齋輿地叢鈔》等重要地理叢書的域外地理學著作或譯作，而一般報刊中所載的域外地理學著作或譯作不予收錄。

三、每本書籍均列出書名、卷數、作者（或譯者）、原名、刊行地點、版次及現存館藏情況，對查到的書籍盡可能的列出主要內容，撰述提要，並在提要中對作者生平、著作內容、版本流佈和及館藏情況等，茲儘量作出較爲詳盡的考證。

四、對那些筆者尚未親見，但在有關晚清的目錄類書籍確有著錄的域外地理學著述，本編予以存目。

五、本書分上、中、下三篇。上篇爲晚清域外地理著作提要，首先分爲地理學總論或通論、亞洲、歐洲、美洲、大洋洲四大類，每大類之下均按國別劃分若干小類收錄一國地理著作，並設跨國地理一類專門收錄跨國地理著作。如歐洲一類之下就分成跨國地理、俄羅斯、英國、法國、德國、西班牙等六小類。中篇爲晚清域外遊記著述提要，首先分爲亞洲、歐洲、美洲、非洲、大洋洲五大類，每類之下，然後每大類之下均按國別劃分若干小類收錄一國遊記著作，並設跨國遊記一類專門收錄跨國遊記著作。如美洲一類之下就分成跨國遊記、美國、墨西哥、秘魯、古巴等五小類。下篇爲國人輯譯的域外地理著作和遊記書目提要，類別劃分與上篇和中篇相同。本書最後，還附有晚清時期的域外地名歌略、域外竹枝

詞、域外地圖等著述的簡要書目。

六、本書絕大部分著作均撰有提要，但由於晚清域外地理學著譯之作數量巨
　　大，本書中還有一小部分書目以存目形式予以收錄，只撰寫了必要的作
　　者、書名及其版本情況，以待將來續補。

上篇：域外地理著作提要

一、地理學總論或通論

1.《海島逸志》六卷（1806）

王大海著。

南京圖書館藏（1）清嘉慶十一年（1806）刻本二冊；（2）清道光二十四年（1844）《海島逸志摘略》一卷與《海外番夷錄》一卷合刻本二冊。

國家圖書館藏清咸豐十年（1861）刻本二冊，卷首有嘉慶十年周學恭序及陸鳳藻序、李威序、劉希程序及乾隆五十六年八月二日王大海自序。卷首還有地圖兩幅。卷末附黃毅軒先生《呂宋紀略》。

王大海所撰《海島逸志》，據卷首「自序」所署年可知該書成於乾隆五十六年（1791）。該書首刊於嘉慶十一年（1806）漳州，為該書的初刊本。以後陸續有各種叢書本和英譯本刊行，香港學津書店 1992 年 10 月出版由姚楠、吳琅璿校注的《海島逸志》，乃以漳州初刊本為祖本的。

王大海係福建漳州府龍溪縣人，乾隆年間浪跡南洋，曾在 1783～1793 年間曾相繼客居巴達維亞（吧城，Batavia）、三寶壟（Semarang）和北膠浪（北加浪岸，Pekalongan）長達 10 年之久，並於乾隆五十六年（1791）寫成《海島逸志》六卷，首次付梓刊行於嘉慶十一年（1806）。該書敘述南洋諸國及其風土人情、物產情況甚詳，還記述荷蘭殖民者在巴達維亞一帶的風俗、政教等情形，反映了西方列強在東南洋擴張。而且該書還記述了華僑在東南亞生活狀況，頌揚了華僑在中外文化交流及南洋開發中的重要貢獻。《海

島逸志》作爲一部由長期居於海外的華僑寫成的海外親歷聞見錄，對於當時閉關鎖國的國人瞭解域外的世界應有著難以估計的價值。《海島逸志》的主要內容如下：卷一，西洋紀署，包括噶喇吧、三寶壟、北膠浪、萬丹、爪亞風土拾遺、蟄園雅集記、臺灣紀略，主要介紹東南亞各個地區風土人情；卷二人物考略，有王三保、澤海眞人、蘇某之妻、連捷公之妻。連木生、陳豹卿、許芳良、芳井公、憎佛寶等人，主要是爲東南洋華僑立傳；卷三諸島考署，主要介紹東南洋的主要島嶼；卷四山海拾遺、卷五聞見錄、卷六花果錄，主要是介紹東南亞的動植物特產情況。

此書還有《小方壺齋輿地叢鈔》第 10 帙本。

2.《海錄》二卷（1820）

謝清高口述，楊炳南筆錄。（1）國家圖書館藏清刻本一冊，書衣題嘉慶 25 年（1820）庚辰刻，卷首有楊炳南序。（2）北京大學圖書館藏清刻本一冊。

《海錄》共二萬字，嘉慶二十五年（1820）成書。謝清高，廣東嘉應州人，18 歲時在南洋經商，遇風船覆，被外國船舶救起，遂在外國船舶上工作 14 年之久，去過很多國家，瞭解外國情況頗多，返粵後傾談海外見聞，引人入勝，由楊氏筆錄，著成《海錄》，記述了其所親歷的南洋、印度及歐洲十多個國家的地理、歷史、政治、工商業、礦產、風土人情等鮮爲人知的情況。尤以記述南洋諸國及荷蘭和英國在這裡的殖民活動最爲詳細。記述大西洋諸國中，以記述葡萄牙、法國、英國。美國最詳。稱英國爲「紅毛番」，美國爲「芊里千國」。

3.《四洲志》不分卷（1839）

林則徐撰。華夏出版社 2002 年據《小方壺齋輿地叢鈔再補編》第 12 帙整理標點橫排本。林則徐（1785～1850），福建省侯官（今福州市閩侯縣人），字元撫，又字少穆、石麟，晚號竢村老人。嘉慶進士。歷任江蘇巡撫、湖廣總督、兩廣總督、廣西巡撫、雲貴總督等職。道光十八年（1838），於湖廣總督任內嚴禁吸食鴉片，頗見成效；同年底，受命爲欽差大臣，節制廣東水師，前往廣東禁煙。因其主張嚴禁鴉片、抵抗西方的侵略、堅決維護中國主權和民族利益而深受中國人民的敬仰，被譽爲「近代中國開眼看世界的第一人」。林則徐生平愛好詩詞、書法，著有《雲左山房文鈔》、《雲左山房詩鈔》、《使滇吟草》、《林文忠公政書》、《荷戈紀程》等著作。所遺奏稿、日記、公牘、書札、詩文等，建國後輯爲《林則徐集》。

　　《四洲志》是林則徐在 1839 年廣東主持禁煙期間，爲了瞭解西方國家的歷史、地理和現狀，組織幕僚據英國人慕瑞（Hugh Murray）所著的《世界地理大全》（*A Encyclopedia of Geography*）一書予以摘譯，然後他親自加以潤色、編輯而成。《四洲志》一書簡要的敘述了世界各大洲 30 多個國家和地區的地理、歷史和政治經濟狀況，是近代中國第一部相對完整、比較系統的世界地理著作，開中國近代外國史地著述之先河。在該書的影響下，後來產生出一大批研究外國史地的著述。然而此書編譯完成後一直未曾刊刻，林則徐便將該書手稿交給了魏源。後來，魏源依照《四洲志》爲基礎撰成《海國圖志》五十卷，《四洲志》遂依賴《海國圖志》而得以流傳。《小方壺齋輿地叢鈔再補編》第 12 帙中的《四洲志》乃是王錫祺從《海國圖志》中輯錄出來的，該版本《四洲志》原本沒有目錄和標題，華夏出版社在整理時依據文意添加了目錄和標題。

　　華夏出版社的《四洲志》目錄如下：「一、安南國；二、暹羅國；三、緬甸國；四、印度國；五、巴社國；六、阿丹國；七、都魯機國；八、依揖國；九、阿邁斯尼國；十、東阿未利加洲；十一、阿未利加洲之北四國；十二、南阿未利加洲；十三、西阿未利加洲；十四、中阿未利加洲；十五、布路亞國；十六、大呂宋國；十七、荷蘭及彌爾尼壬國；十八、佛蘭西國；十九、意大里亞國；二十、耶馬尼國；二十一、歐塞特里國；二十二、波蘭國；二十三、綏林與那威國；二十四、領墨國；二十五、瑞國；二十六、普魯社國；二十七、都魯機國；二十八、英吉利國；二十九、俄羅斯國；三十、悉畢釐阿國；三十一、育奈士迭國；三十二、北墨利加洲之俄羅斯屬地；三十三、北墨利加洲之英吉利屬地；三十四、智利國；三十五、世界各教。」

4.《海國圖志》（1842 年 50 卷本、1847 年 60 卷本、1852 年 100 卷本）

魏源撰。

　　國家圖書館藏：（1）《海國圖志》50 卷本，清道光 24 年（1844）古微堂木活字本；（2）《海國圖志》60 卷本，清道光 27 年（1847）古微堂刻本；（3）《海國圖志》100 卷本，清咸豐二年（1852）刻本。

　　北京大學圖書館藏：（1）清道光二十四年（1844）揚州古微堂活字本 50 卷；（2）道光二十九年（1849）揚州古微堂刻本 60 卷；（3）咸豐二年（1852）刻本 100 卷；（4）同治六年（1867）彬州陳氏刻本 100 卷；（5）清光緒二年（1876）刻本 100 卷；（5）清光緒六年（1880）邵陽急當務齋刻本 100 卷；

（6）光緒二十一年（1895）上海積山書局石印本 100 卷；（7）清光緒二十八年（1902）文賢閣石印本 100 卷。

清華大學圖書館藏：（1）清道光二十九年（1849）邵陽魏氏古微堂木活字本 20 冊（50 卷本）；（2）清道光二十九年己酉（1849）邵陽魏氏古微堂刻本 20 冊（60 卷本）。（2）清咸豐二年壬子（1852）10 冊（原 24 冊）古微堂重刻本（100 卷本）；（4）清光緒乙未至壬寅（二十一至二十八年（1895～1902）文賢閣石印本 8 冊（原 16 冊），一百卷首一卷，《續集》（瞿昂來等譯）二十五卷首一卷。

魏源（1794～1857），原名達遠，字默深，湖南邵陽人，道光二十五年（1845）進士，歷任內閣中書、江蘇東臺、興化知縣，兩淮鹽運司海州分司運判、高郵知州等職，是鴉片戰爭時期著述豐富的重要思想家和史學家。著有《海國圖志》、《聖武記》、《古微堂內外集》、《元史新編》、《道光洋艘征撫記》等。

《海國圖志》是魏源在林則徐編撰的《四洲志》和《華事夷言》的基礎上寫成的。他於道光二十二年（1842）冬，先撰成五十卷本。後又不斷增補，道光二十七年（1847）成六十卷本，至咸豐二年（1852）則增補成一百卷本，成爲當時中國乃至亞洲的最完備的一部介紹世界各國史地知識的巨著。《海國圖志》共有五十卷、六十卷和一百卷這三種初刊版本外，在全國多次重刊，其中流傳較廣的有：道光二十四年甲辰（1844）邵陽魏氏古微堂聚珍本（50卷）；道光二十九年己酉（1849）邵陽魏氏古微堂重刊本（60 卷）；同治六年丁卯郴州陳善圻重刊本（100 卷）；同治七年戊辰（1868）廣州重刻本（100卷）；光緒二年丙子（1876）魏光燾平慶涇固道署重刊本（100 卷）；光緒六年庚辰（1880）邵陽急當務齋新鐫刻本（100 卷）；光緒十三年丁亥（1887）巴蜀成善堂重刊本（100 卷）光緒二十一年乙未（1895）上海積山書局刊本（100 卷）；光緒二十八年壬寅（1902）文賢閣石印本（100 卷）。從 1842 年到 1902 年的 60 年間，《海國圖志》這樣一部篇幅巨大的書不斷地被重印，充分說明了它的歷史作用。該書之所以能產生如此大的影響，是與魏源撰寫此書宗旨相關的。他在《海國圖志·原敘》中就鄭重指出了撰述此書的宗旨：「是書何以作？曰：爲以夷攻夷而作，爲以夷款夷而作，爲師夷長技以制夷而作。」強烈的反侵略意識和富國強兵的愛國主義思想是該書的主旨所在。

根據鄒振環教授的全面考察統計，《海國圖志》的刊刻本主要有 14 種，

包括（1）道光二十二年（1842）刊木活字 50 卷本（《販書偶記》）；（2）道光二十四年（1844）邵陽魏氏古微堂木活字 50 卷本（上海圖書館藏）；（3）道光二十七年（1847）邵陽魏氏古微堂木活字 60 卷本（臺北「中央研究院」歷史語言研究所藏）；（4）道光二十九年（1849）邵陽魏氏古微堂木活字 60 卷本（北師大藏）；（5）道光二十九年（1849）邵陽魏氏古微堂揚州增補 60 卷刻本（上海圖書館藏）；（6）咸豐二年（1852）邵陽魏氏古微堂 100 卷重刻本（上海圖書館藏）；（7）同治七年（1866）陳善圻據古微堂重刊本（臺灣大學藏）；（8）同治六年（1867）郴州陳氏 100 卷刻本（上海圖書館藏）；（9）光緒元年（1875）上海書局 100 卷石印本（上海圖書館藏）；（10）光緒二年（1876）平慶涇固道署 100 卷刻本（復旦大學藏）；（11）光緒六年（1880）邵陽急當務齋新鐫重刻本 100 卷（人民大學藏）；（12）光緒二十一年（1895）上海積山書局石印本（上海圖書館藏）；（13）光緒二十四年（1898）文賢閣 100 卷石印本（人民大學藏）；（14）光緒二十八年（1902）文賢閣石印本 100 卷，續集 25 卷（上海圖書館藏）。〔註 1〕

《海國圖志》的內容與結構，主要可分爲六個方面：

（1）總論海防的守、戰、款的總策略，即「以守爲攻，以守爲款，用夷制夷，疇司厥楗」。這是本書卷一、卷二《籌海篇》的內容，分《議守》上下及《議戰》、《議款》。（2）海國地圖 64 幅。魏源深知「不披海圖海志，不知宇宙之大」（《海國圖志》百卷本敘），因此他廣泛的參考了古今中外的大量史籍地圖編繪而成 64 幅海國地圖，而且這些地圖成爲《海國圖志》主要構成部分。

（3）各國分志。分別介紹了世界各國的史地情況。這一部分原爲四十一卷，白卷本則增爲六十六卷。敘述次序先南洋、印度，後非洲、歐洲、南北美洲，而尤詳於南洋、印度及英吉利。

（4）各國宗教、曆法和地理學總論。包括《南洋西洋各國教門表》、《中國西洋曆法異同表》、《中國西洋紀年通表》、《國地總論》等。

（5）海防外交文選及夷情資料彙編，包括該書中《籌海總論》和《夷情備採》的內容。

（6）對西洋「長技」的介紹。該書對西方先進的科學技術，如洋炮、火

〔註 1〕 鄒振環：《晚清西方地理學在中國》，上海古籍出版社 2000 年版，第 345～346 頁。

輪船、地雷、攻船水雷、望遠鏡等器械的製造和使用方法都有較爲詳細的記
述。

《海國圖志》是當時中國人所編撰的第一部較爲詳備的世界史地著作，
在中國近代史學史和思想史上佔有重要地位。《海國圖志》內容浩博，包羅萬
象，舉凡當時世界各國的地理分布、歷史沿革、政情風俗、科學技術、經濟
文化等方面都有廣泛的記述，書中集中闡述了魏源富國強兵、抵抗侵略的愛
國主義思想主張，在當時的中國產生了廣泛的社會影響。而且，該書在道光
三十年（1850）傳入日本後，對明治維新前的日本社會思潮產生了積極的影
響，促進了明治維新運動的發展，對中國近代的資產階級維新運動也有著深
刻的影響。

魏源《海國圖志（50卷）敘》：

「《海國圖志》五十卷何所據？一據前兩廣總督林尚書所譯西
夷之《四洲志》，再據歷代史志及明以來島志及近日夷圖夷語，鉤
稽貫串，創榛闢莽，前驅先路。大都東南洋、西南洋增於原書者
十之八，大小西洋北洋外、大西洋增於原書者十之六，又圖以經
之，表以緯之，博參群議以發揮之，何以異於昔人海國之書？曰
彼皆以中土人譚西洋，此則以西洋人譚西洋也。是書何以作？曰
爲以夷攻夷而作，爲以夷款夷而作，爲師夷長技以制夷而作？曰
愛惡相攻而吉凶生，遠近相取而悔吝生，情僞相感而利害生，故
同一禦敵而知其形與不知其形，利害相百焉。同一款敵而知其情
與不知其情，利害相百焉。古之馭外夷者，諏以敵形，形同几席；
諏以敵情，情同寢饋。然則執此書，即可馭外夷乎？曰唯唯否否。
此兵機也，非兵本也；有形之兵也，非無形之兵也。明臣有言：
欲平海上之倭患，先平人心之積患。人心之積患如之何？非金非
沿海之奸民，非吸煙販煙之莠民，故君子讀雲漢車攻先於常武江
漢，而二雅詩人之所發憤玩卦爻內外消息而知大易作者之所憂
患。憤與憂，天道所以傾，否而知泰也。人心所以違寐而知覺也；
人才所以革虛而知實也。昔準噶爾跳樑於康熙雍正之兩朝而電掃
於乾隆之中葉，夷煙流毒罪萬準夷。吾皇仁勤，上符列祖天時人
事，倚伏相乘，何患攘剔之無期，何患奮武之無會。此凡有血氣
者所宜憤悱，凡有耳目心知者所宜講畫也。去僞去飾、去畏難、

去養癰、去營窟，則人心之寐患袪其一。以實事程實功以實功程實事艾三年而蓄之綱，臨淵而結之，毋馮河毋畫餅則人材之虛患袪其二。寐患去而天日昌，虛患去而風雷行。傳曰：孰荒於門，孰治於田，四海既均，越裳是臣，敘《海國圖志》。

以守爲攻、以守爲款，用夷治夷，籌司厥楗，述《籌海篇》第一；縱三千年，圍九萬里，經之緯之，左圖右史，述各國沿革圖第二；夷教夷煙，毋能入界，嗟我屬藩，尚堪敵愾，志東南洋海岸各國第三；呂宋爪哇嶼埒日本，和噬或駃，前車不遠，志東南洋各島第四；教閡三更，地割五竺，雀巢鳩居，爲震旦毒，述西南洋五印度第五；維皙與黔，地遼疆閡，役使前驅，疇諏海客，述小西洋利未亞第六；大秦海西，諸戎所業，維利維威，實懷泮鴞，述大西洋歐羅巴各國第七；尾東首西，北盡冰溟，近交遠攻，陸戰之臨，述北洋俄羅斯國第八；勁悍英寇，恪拱中原，遠交近攻，水戰之援，述外大洋彌利堅第九；人各本天，教綱於聖，離合紛紜，有條不紊，述西洋各國教門表第十；萬里一朔，莫若中華，不聯之聯，大食歐巴，述中國西洋紀年表第十一；中曆資西，西曆異中，民時所授，我握其宗，述中國西曆異同表第十二；兵先地利，豈間遐荒，聚米畫沙，戰勝廟堂，述國地總論第十三；雖有地利，不如人和，奇正正奇，力少謀多，述籌夷章條第十四；知己知彼，可款可戰，戰匪證炱，方執醫瞑，眩述夷情備採第十五；軌文匪同，貨幣斯同，疇師艘械，濤駛火攻，述器藝貨幣第十六。道光二十有二載，歲在壬寅，嘉平月內閣中書邵陽魏源序於揚州，時夷艘出江，甫逾三月也。

《海國圖志》（50卷）總目：

卷一：籌海篇一（議守上）、籌海篇二（議守下）、籌海篇三（議戰）、籌海篇四（議款）；卷二：圓圖二、橫圖三、漢魏唐西域圖三、元代疆域圖、海國沿革圖五（各國專圖六，中國沿海圖一）；卷三：（東南洋海岸之國）越南；卷四：（東南洋海岸之國）越南分國沿革；卷五：（東南洋海岸之國）暹羅、暹羅分國沿革；卷六：（東南洋海岸之國）暹羅屬國今爲英夷新嘉坡沿革；卷七：（東南洋海岸之國）緬甸；卷八：（東南洋海島各國）呂宋夷所屬島；卷九：（東南洋海島各國）荷蘭夷所屬大島、英荷布路三夷分屬地問等島；卷十：（東南洋海島各國）英荷二夷所屬葛留巴島；卷十一：（東南洋海

島各國）英荷二夷所屬亞齊及三佛齊島、英荷二夷所屬美洛居島、英夷所屬新埠島；卷十二：（東南洋海島各國）日本島附錄、附東南洋形勢及鍼路；卷十三：（西南洋諸國）東南中三印度國；卷十四：（西南洋諸國）西印度之巴社回國、西印度之阿丹回國；卷十五：（西南洋諸國）西印度之如德亞國；卷十六：（西南洋諸國）西南洋南都魯機國；卷十七：五印度沿革總考；卷十八：（西南洋諸國）中印度沿革、東印度沿革、南印度沿革、西印度沿革、北印度沿革；卷十九：（西南洋諸國）北印度西北臨部附錄；卷二十：（小西洋利未亞洲）利未亞洲總說、東利未加伊揖國；卷二十一：（小西洋利未亞洲）東利未加八國、北利未加四國、南利未加四國；卷二十二：（小西洋利未亞洲）西利未加二十四國；卷二十三：（小西洋利未亞洲）中利未加二十五國；卷二十四：（大西洋歐羅巴洲）歐羅巴洲總沿革；卷二十五：（大西洋歐羅巴洲）布路亞國；卷二十六：（大西洋歐羅巴洲）大呂宋國、荷蘭及彌爾尼壬國；卷二十七：（大西洋歐羅巴洲）佛蘭西國；卷二十八：（大西洋歐羅巴洲）意大里國；卷二十九：（大西洋歐羅巴洲）耶馬尼國、附耶馬尼分國二十五部；卷三十：（大西洋歐羅巴洲）歐塞特里奧國、附寒牙里九部、波蘭國、綏林國、附那威；卷三十一：（大西洋歐羅巴洲）領墨國、瑞國；卷三十二：（大西洋歐羅巴洲）普魯社國、北都魯機國；卷三十三：（大西洋歐羅巴洲）英吉利蘭墩國都五十三部、英吉利斯葛蘭島三十部、英吉利愛倫島三十二部；卷三十四：（大西洋歐羅巴洲）英吉利國廣述上；卷三十五：（大西洋歐羅巴洲）英吉利國廣述下；卷三十六：（北洋）東俄羅斯五部、西俄羅斯八部、大俄羅斯十七部、小俄羅斯三部、南俄羅斯五部、加堰（沒有「土」旁）俄羅斯四部、南新藩俄羅斯五部、東新藩俄羅斯四部；卷三十七：（北洋）俄羅斯國沿革；卷三十八：（外大西洋墨利加洲）墨利加洲總說、彌利堅總記上、彌利堅總計下；卷三十九：（外大西洋墨利加洲）彌利堅國東路二十部；卷四十：（外大西洋墨利加洲）彌利堅國西路十一部；卷四十一：（外大西洋墨利加洲）墨西科國、北墨利加洲西方三國、北墨利加洲西南四國、北墨利加洲西北土蠻、俄羅斯在北洲屬地、英吉利在北洲屬地；卷四十二：（外大西洋墨利加洲）南墨利加洲內智利國、南墨利加洲內孛露國、南墨利加洲內金加西臘國、南墨利加洲內伯西爾國、南墨利加洲內智加國、墨利加洲海中諸島、南極未開新洲附錄；卷四十三：（表）南洋西洋各國教門表、中國西洋曆法異同表；卷四十四：（表）中國西洋紀年通表；卷四十五：（總

論）國地總論上；卷四十六：（總論）國地總論下；卷四十七：（總論）籌海總論上；卷四十八：（總論）籌海總論下；卷四十九：（附錄）夷情備採；卷五十：（附錄）洋炮圖說、西洋器藝雜述」

魏源《海國圖志（60卷）敘》：

「人之所發憤，玩卦爻，內外消息而知大易作者之憂患。憤與憂，天道所以傾否而之泰也；人心所以違寐而之覺也；人才所以革虛而之實也。昔準噶爾跳樑於康熙雍正之兩朝，而電掃於乾隆之中葉。……（筆者注：中間省略的話與50卷同）敘《海國圖志》。以守爲攻、以守爲款，用夷治夷，籌司厥楗，述籌海篇第一；縱三千年，圓九萬里，經之緯之，左圖右史，述各國沿革圖第二；夷教夷煙，毋能入界，嗟我屬藩，尚堪敵愾，志東南洋海岸各國第三；呂宋爪哇，嶼垍日本，和噬或號，前車不遠，志東南洋各島第四；教閱三更，地割五竺，雀巢鳩居，爲震旦毒，述西南洋五印度第五；維晳與黔，地遼疆闊，役使前驅，疇諏海客，述小西洋利未亞第六；大秦海西，諸戎所巢，維利維威，實懷泮鴞，述大西洋歐羅巴各國第七；尾東首西，北盡冰溟，近交遠攻，陸戰之臨，述北洋俄羅斯國第八；勁悍英寇，恪拱中原，遠交近攻，水戰之援，述外大洋彌利堅第九；人各本天，教綱於聖，離合紛紜，有條不紊，述西洋各國教門表第十；萬里一朝，莫若中華，不聯之聯，大食歐巴，述中國西洋紀年表第十一；中曆資西，西曆異中，民時所授，我握其宗，述中國西曆異同表第十二；兵先地利，豈間遐荒，聚米畫沙，戰勝廟堂，述國地總論第十三；雖有地利，不如人和，奇正正奇，力少謀多，述籌夷章條第十四；知己知彼，可款可戰，戰匪證奚，方執醫瞑，眩述夷情備採第十五；水國恃舟，猶陸恃堞，長技不師，風濤誰譻，述戰艦條議第十六；五行相剋，金火斯烈，雷奮地中，攻守一轍，述火器火攻條議第十七；軌文匪同，貨幣斯同，神奇利用，蓋彈明聰，述器藝貨幣第十八。道光二十有二載，歲在壬寅，嘉平月內閣中書邵陽魏源敘於揚州。原刻僅五十卷，增補爲六十卷，道光二十七載刻於揚州。」

（德仁謹案：60卷本比之50卷本，主要增加了：卷53仿造戰船諸議；卷54火輪船圖說；卷55鑄炮鐵模說、仿鑄洋炮說、炸彈飛炮說、炮車炮架

圖說；卷 56 西洋用炮測量說、西洋炮臺圖說、炮臺旁設重險說；卷 57 西洋
自來火銃說、仿造西洋火藥法；卷 58 攻船水雷圖說、用地雷法；卷 60 西洋
透鏡做法。其他個別卷目內容略有增加。）

魏源《海國圖志後敘》：（100 卷本）

「譚西洋輿地者始於明萬曆中泰西人利瑪竇之《坤輿圖說》、
艾儒略之《職方外記》初入中國，人多謂鄒衍之談天及國朝，而粵
東互市大開華梵通譯，多以漢字刊成圖說。其在京師欽天監供職者
則有南懷仁、蔣友仁之《地球全圖》，在粵東譯出者則有抄本之《四
洲志》、外國史略刊本之《萬國圖書集》、《平安通書》、《每月統紀傳》
燦若星羅，瞭如指掌，始知不披《海國圖志》不知宇宙之大、南北
極上下之渾圓也。惟是諸志多出洋商，或詳於島岸之土產之繁，埠
市貨船之數，天時寒暑之節，而各國沿革之始末，建置之永促能以
各國史書志富媼，山川縱橫九萬里上下數千年者，惜乎未之聞焉。
近惟得布路國人瑪姬士之《地里備考》與美里哥國人高理文之《合
省國志》皆以彼國文人留心丘索綱舉目張，而《地里備考》之《歐
羅巴洲總記》上下二篇尤為雄偉，直可擴萬古之世而無弊，以及南
洲孛露國之金銀富甲四海，皆曠代所未聞，既匯成百卷，故提其總
要於前，俾觀者得其綱而後詳其目，庶不致以卷帙之繁望洋生歎焉。
又舊圖止有正面、北面二總圖而未能各國皆有，無以愜左圖右史之
願。今則用廣東、香港冊頁之圖，每圖一國山水城邑勾勒位置，開
方里差距極度數不爽毫髮。於是從古不通中國之地，披其山川如閱
一統志之圖，覽其風土如讀中國十七省之志。豈天地氣運自西北而
東南將中外一家與夫悉其形勢，則知控馭必有於籌海之篇，小用小
效，大用大效，以震疊中國之聲靈者焉。斯則夙夜所厚幸也。夫至
瑪姬士之天文地球合論，與夫近日水戰火攻船械之圖均附於後，以
資博識備利用。咸豐二年邵陽魏源敘於高郵州。」

《海國圖志》（100 卷）總目：

卷一，籌海篇一（議守上）、籌海篇二（議守下）；

卷二，籌海篇三（議戰）、籌海篇四（議款）；

卷三，海國沿革各圖、地球正背面圖、亞細亞洲各圖；

卷四，利未亞洲各圖、歐羅巴洲各圖、亞墨利加洲各圖；

卷五，東南洋海岸諸國・越南（故交趾）；

卷六，東南洋海岸之國・越南分國沿革；

卷七，東南洋海岸之國・暹羅（故扶南）；

卷八，東南洋海岸之國・暹羅本國沿革（眞臘・柬埔寨）；

卷九，東南洋海岸之國・暹羅屬國今爲英夷新嘉坡沿革；

卷十，東南洋海岸之國（朱波、驃國、烏土金沙江考）；

卷十一，東南洋海島諸國・呂宋・呂宋所屬島；

卷十二，東南洋海島各國・荷蘭屬島（婆羅、渤泥、爪哇、大島）；

卷十三，東南洋海島各國・英荷二夷所屬葛留巴島；

卷十四，東南洋海島各國・附葛留巴所屬島

卷十五，東南洋海島各國・英荷二夷所屬亞齊及三佛齊島（附美洛居、新埠）；

卷十六，東南洋海島各國・英夷所屬新阿蘭島（即澳大利亞洲，又即阿塞亞尼洲）；

卷十七，東南洋海島各國・日本島；

卷十八，東南洋海島各國・東南洋諸島形勢；

卷十九，西南洋各國・五印度總述上；

卷二十，西南洋諸國・五印度總述下；

卷二十一，西南洋諸國・中東印度分述；

卷二十二，西南洋諸國・北南印度分述；

卷二十三，西南洋諸國・西印度巴社國；

卷二十四，西南洋諸國・西印度阿丹國；

卷二十五，西南洋諸國・各國回教總考；

卷二十六，西南洋諸國・西印度如德亞國（附景教碑）；

卷二十七，西南洋諸國・天主教考；

卷二十八，西南洋諸國・南吐魯機回國；

卷二十九，西南洋諸國・五印度沿革總考（附恒河考）；

卷三十，西南洋諸國・中印度沿革・東印度沿革・南印度沿革・西印度沿革・北印度沿革；

卷三十一，西南洋諸國・北印度西北鄰部附錄；

卷三十二，西南洋諸國・北印度以外疆域考；

卷三十三，小西洋·利未亞洲總說·東利未加阨日多國（即伊揖國）·東利未加阿邁斯尼國（即亞毗心域國）；

卷三十四，小西洋·東利未加分隸他國兼攝者八國·北利未加分隸他國兼攝者四國·南利未加分隸西洋各國兼攝者五國·土酋自主者四國；

卷三十五，小西洋·西利未加二十四國；

卷三十六，小西洋·中利未加二十五國；

卷三十七，小西洋·歐羅巴洲總沿革；

卷三十八，大西洋·布路亞國；

卷三十九，大西洋·大呂宋國；

卷四十，大西洋·荷蘭及彌爾尼壬國；

卷四十一，大西洋·法蘭西上；

卷四十二，大西洋·法蘭西下；

卷四十三，大西洋·意大里國；

卷四十四，大西洋·耶馬尼國上；

卷四十五，大西洋·耶馬尼國下（附分國二十五部）；

卷四十六，大西洋·歐塞特里阿國（附寒牙里九部、波蘭國）；

卷四十七，大西洋·瑞士國；

卷四十八，大西洋·北土魯機國；

卷四十九，大西洋·希臘國；

卷五十，大西洋·英吉利國總記（附斯葛蘭島、愛倫島）；

卷五十一，大西洋·英吉利國廣述上；

卷五十二，大西洋·英吉利國廣述中；

卷五十三，大西洋·英吉利國廣述下；

卷五十四，北洋·俄羅斯國總記；

卷五十五，北洋·俄羅斯國總部；

卷五十六，北洋·俄羅斯沿革；

卷五十七，北洋·普魯社國；

卷五十八，北洋·嗹國、大尼國、瑞丁國、那威國；

卷五十九，外大西洋·亞墨利加洲總說、彌利堅國總記上；

卷六十，外大西洋·彌利堅國總記中；

卷六十一，外大西洋·彌利堅國總記下；

卷六十二，外大西洋・彌利堅東路二十部；

卷六十三，外大西洋・彌利堅西路二十一部；

卷六十四，外大西洋・北墨利加洲墨西科國（附西南四國、西方三國及西北諸蠻）

卷六十五，外大西洋・北墨利加洲內英俄各國屬地

卷六十六，外大西洋・德沙國、瓜地馬拉國；

卷六十七，外大西洋・南墨利加洲智國、金加西臘國；

卷六十八，外大西洋・巴拉大河國、伯西爾國；

卷六十九，外大西洋・智利國、各國兼攝地在南墨利加洲內者；

卷七十，外大西洋・南墨利加諸島、西海諸島、南極未開新地附錄

卷七十一，南洋西洋各國教門表；

卷七十二，中西曆法同異法；

卷七十三，中西紀年通表；

卷七十四，國地總論上（論五大洲及崑崙）

卷七十五，國地總論中（利瑪竇及艾儒略二西士記）

卷七十六，國地總論下（南懷仁圖記、莊廷敷圖記）

卷七十七，籌海總論一；

卷七十八，籌海總論二；

卷七十九，籌海總論三；

卷八十，籌海總論四；

卷八十一，夷情備採一（澳門月報）；

卷八十二，夷情備採二（澳門月報）；

卷八十三，夷情備採三（華事夷言、貿易通志、譯出夷律）；

卷八十四，僞造戰船議；

卷八十五，火輪船圖記；

卷八十六，鑄造戰模圖記；

卷八十七，仿鑄洋炮議、炸彈飛炮說、炮車炮圖說；

卷八十八，西洋用炮測量記上；

卷八十九，西洋用炮測量記下；

卷九十，西洋炮臺記；

卷九十一，西洋自來火銃法；

卷九十二，攻船水雷圖記上；

卷九十三，攻船水雷圖記下；

卷九十四，西洋技藝雜述；

卷九十五，西洋遠鏡做法；

卷九十六，地球天文合論一；

卷九十七，地球天文合論二；

卷九十八，地球天文合論三；

卷九十九，地球天文合論四；

卷一百，地球天文合論五。

5.《海國四說》（1844）

梁廷柟著。梁廷柟（1796～1861），清廣東順德人，字章冉，號藤花亭主人。副貢生，博學多識，留心時政，究心外國史事，是鴉片戰爭時期主張「開眼看世界」的一位先進知識分子。道光十八年（1838）應聘總纂《粵海關志》，次年任廣州越華書院監院。曾贊助林則徐禁煙抗英，支持廣州人民反入城戰爭。後曾賜內閣中書，加侍讀銜。梁氏一生著述甚豐，據不完全統計達三十餘種，其中最具代表性的則是他的外國史地著述《海國四說》。據中華書局 1993 年標點本《海國四說》的《前言》介紹：「《海國四說》，合《耶穌教難入中國說》（不分卷）、《合省國說》三卷、《蘭侖偶說》四卷、《粵道貢國說》六卷四說為一書，殺青於一八四六年（道光二十六年）。合省即美國，蘭侖即英國首都倫敦，此處泛指英國。《合省國說》和《蘭侖偶說》就是美國和英國簡說。《合省國說》主要取材於美國傳教士美里哥（即裨治文）的《合省國志略》。定稿於一八四四年。《蘭侖偶說》亦主要取材於當時翻譯的西人著作。《粵道貢國說》的主要文獻依據是當時粵海關所存歷年中外通商、交涉檔案。《耶穌教難入中國說》則主要取材於作者當時所涉獵到的基督教宣傳的各種書籍。」作者在《海國四說》介紹了英、法、美、荷、葡、意、西等西方國家的歷史地理情況及其在東方殖民擴張情況，具有強烈的「知夷」「制夷」的反侵略愛國思想。

6.《海國紀聞》（1844）

李兆洛撰。國家圖書館藏清道光二十四年（1844）刻本一冊，封面題「海國紀遊」，書中題「海國紀聞」。

李兆洛，字明農，為嘉道時期著名的經世派學者，對《海錄》一書頗感興趣，於是詳加考訂而著成《海國紀聞》，所述西南洋各國情況更為詳備。本書實際上根據謝清高的《海錄》所記載西南洋各國地理和風土人情，而作的百首詩歌。卷末有跋文及附刻《海國圖志》的 8 幅地圖，包括《東南洋各國沿革圖》、《西南洋五印度沿革圖》、《小西洋利未亞洲沿革圖》、《大西洋歐羅巴各國沿革圖》、《漢西域沿革圖一》、《北魏書西域沿革圖》、《唐西域沿革圖》、《元代西北疆域沿革圖》。該書「筆墨詼諧」，形象生動。詩句之下有雙行自注，主要是用來解釋詩中所涉及的地名的方位所在，也有的是補充記載當地的物產風俗。如詩句「唧肚西偏盡海天，洪濤洶湧更茫然。」之下就有雙行夾註云：「唧肚在淡亨北，由明呀喇至此，西洋人謂之哥什嗒。我總稱為小西洋，自此以西洪濤萬里，舟楫不通矣。」如「水幔遮來詎似神，凌空笑語肖偏真。提籃諸果應拋下，珍重攜歸奉至親。」這首詩歌下面就詳細的記載了明呀喇的賽神仙風俗：「明呀喇賽神仙，豎直木一，再取一木度其長之半，鑿孔橫穿直木上令活動可轉。橫木兩端各以繩繫鐵鉤二，令二人赤身以長幅布圍下體，謂之水幔。手綰一籃裝穀種時果，立其下。眾取二人以橫木兩端鐵鉤，鉤其背脊，兩旁旋諸空中，手足散開，狀如飛鳥，觀者舉橫木推轉之，其人則取籃中果分撒於地，群爭食之。得果者歸，奉家長以為天神所賜云。」

> 徐瀾《海國紀聞詩序》：「吾友詒卿作《海國紀聞詩》百首，風韻直逼龍標，固不待言。獨其於西南洋事瞭若指掌，若可以補山經地志之缺，實為創見。余怪而問之，詒卿曰：此粵東謝清高所親歷也。清高少聰穎，走海南，逆風覆舟，得拯於番舶，所至纖微必記，歷十四年而歸，兩目皆盲。嘉慶庚辰囑其鄉人楊秋衡、李秋田匯成一帙，名曰《海錄》。余既憫其運，復不忍沒其事，因作此詩，非敢矜新奇、炫耳目也。噫！詒卿可謂得詩之真髓者矣。……今觀此作，於諸國風土人情、山川形勢信手拈來十指間，拂拂若有生氣，妙在一線穿成，直可作一幅海國圖。其不及東南洋者，蓋清高所未至也。因為之急付剞劂，以備博物君子之參考云爾。道光二十四年歲次甲辰仲春下浣北平觀濤弟徐瀾拜撰於晉省解糧分署。」

7.《海外番夷錄》（1844）

（清）王蘊香輯。

（1）國家圖書館藏清道光 24 年（1844）刻本一冊。

（2）北京大學圖書館藏清道光 24 年（1844）京都漱六軒刻本。

本書又名域外叢書，其子目包括 1.楊炳南《海錄》2.王大海《海島逸志摘略》3.徐朝俊撰《高厚蒙求摘略》4.六十七撰《番社采風圖考摘略》5.汪文泰輯《紅毛番英咭唎考略》7.佚名撰《爪亞風土拾遺》8.佚名《崑崙》9.《呂宋紀略》10.《臺灣紀略》等十種。該書王椿《序》曰：「近世多博聞強識之士，其著述每長於輿地，若予所識沈君小宛、徐君星伯、沈君子敦雖古賈耽劉敞之徒，未之或先也。然其書往往詳於中國，略於外洋，豈以耳目所不及，遂存而不論歟。方今烽煙告警，有志者抱漆室憂葵之念，存中流擊楫之思，外洋輿地不可以弗考也。而前史所載蓁略，即以明史考之，與今世有不同。獨《海錄》一書近而可徵。蘊香佁素愛奇書，樂以共之於人，得其本而梓之，附以他書。言海事者粲然可觀，吾嘗歎刻書者未能有益於世也。若蘊香之用心，其眞切於時務者哉。道光壬寅孟秋王椿序。」

8.《瀛環志略》十卷（1848）

徐繼畬撰。筆者所見版本爲：（1）北京大學圖書館藏清道光 28 年（1848）福建撫署初刻本。（2）蘇州大學圖書館藏道光三十年庚戌（1850）刻本十卷八冊（本題解採用此版本）。卷首有劉韻珂敘、彭蘊章序、陳慶偕跋、鹿澤長序、徐繼畬自序。（3）復旦大學圖書館藏清同治五年（1866）掞雲樓刻本十卷六冊。卷首有劉韻珂敘、劉鴻翱序、彭蘊章序、鹿澤長序、徐繼畬自序及《凡例》，卷末有掞雲樓主人跋。（4）復旦大學圖書館藏光緒二十四年（1898）老掃葉山房石印本八冊，包括正集十卷，續集四卷，續集卷末一卷，續集補遺一卷。（5）蘇州大學圖書館藏光緒二十八年（1902）日新書店石印本《瀛環志略》六冊，包括正集十卷，續集四卷，續集卷末一卷，續集補遺一卷。卷首有劉韻珂敘、彭蘊章序、陳慶偕跋、鹿澤長序及《凡例》。

根據鄒振環教授的全面考察統計，《瀛環志略》的刊刻本主要有 18 種，包括（1）道光二十八年（1848）徐氏刻本 6 冊（山西圖書館藏）；（2）道光三十年（1850）紅杏山房刻本 6 冊（北師大藏）；（3）同治五年（1866）總理衙門刊本 6 冊（復旦大學藏）；（4）同治五年（1866）璧星泉鑒定重訂本 6 冊（人民大學藏）；（5）同治十二年（1873）掞雲樓刻本六冊（上海圖書館藏）；（6）同治十二年（1873）刊本 4 冊（人民大學藏）；（7）光緒六年（1880）楚南周鯤刻本 1 冊合訂本（上海圖書館藏）；（8）光緒十年（1884）京都琉璃

廠會經堂刊本（臺北中央圖書館藏）；（9）光緒十九年（1893）鴻寶齋石印本4冊（上海圖書館藏）；（10）光緒二十一年（1895）上海寶文局石印本3冊（上海辭書出版社藏）；（11）光緒二十三年（1897）上海書局石印本4冊（上海圖書館藏）；（12）光緒二十四年（1898）新化三味書室校刊本6冊（上海圖書館藏）；（13）光緒二十四年（1898）上海老掃葉山房鉛印本8冊（復旦大學藏）；（14）光緒二十八年（1902）漢讀樓石印本6冊（北師大藏）；（15）出版年不詳，崇明李氏刻本（《增版東西學書錄》附下之下）（16）出版年不詳，槐里堂本（潘振平文）；（17）出版年不詳，廣東書局石印本4冊（《涵芬樓舊書目錄再續編》1919年商務版）；（18）出版年不詳，正續《瀛環志略》本4冊（人民大學藏）。

徐繼畬（1795～1873），字健男，號牧田，又號松龕。山西五臺人。道光六年（1826）進士，授編修。道光十六年（1836）出任廣西潯州知府，後歷任兩廣鹽運使、福建布政使等職。道光二十六年（1846）升任廣西巡撫，後改任福建巡撫兼署閩浙總督，在閩浙地區前後任職達15年之久。《瀛環志略》是徐繼畬在道光二十三年（1843）年任福建布政使時著手編寫的。他利用公務上與外國人接觸的機會，尋求探問，廣泛搜集外國資料、地圖冊子，然後詳細的批閱和考訂。道光二十四年（1844），徐繼畬因公在廈門數度會晤了美國傳教士雅裨理（時任美國駐廈門領事譯員），從那裡獲得了廣泛的世界史地知識，並見到了「繪刻極細」的外國地圖。此後，徐繼畬又向在廈門傳教、行醫的傳教士甘威廉，英國駐福州領事李太廓及阿禮國夫婦請教。阿禮國夫婦還贈送給他一個地球儀，並爲他畫了一幅世界地圖。徐繼畬，從他們那裡獲取了很多瑞士、西歐、中東的政治、史地知識。此外，徐繼畬還通過各種途徑搜集西人的有關著述，其中包括裨治文的《美理哥合省國志略》，從中獲取了比較詳盡的美國政治、歷史和地理知識。就這樣，徐繼畬利用公餘之暇，搜集考訂著述，書稿改訂數十次，歷時五年，終於在道光二十八年（1848）撰成《瀛環志略》10卷15萬餘言。同年，《瀛環志略》初刻本（即「戊申本」）在福州問世，但官方和知識界對此的反應頗爲冷淡，原因是中英剛剛簽訂了不平等的《南京條約》，朝野上下都很忌諱論及西方，而《瀛環志略》對英、美等國有不少肯定的評價，就連洋務大員曾國藩也認爲此書「頗張大英夷」。此書在19世紀六十年代以前流傳極爲有限，僅在1850年重印過一次（亦稱「庚戌本」）。《瀛環志略》產生影響首先在日本，1859

年日本就翻刻了此書（稱「己未本」），1861 年再次翻刻（稱「辛酉本」），風行日本全國，得到了日本人民的重視，爲日本的維新運動提供了給養。19 世紀 60 年代，清朝的洋務運動蓬勃興起，朝野上下迫切需要增進對域外知識的瞭解，《瀛環志略》的重要性日益凸顯。在徐繼畬管理同文館事務任上，總理衙門於 1866 年重刻《瀛環志略》，並把它作爲同文館的教科書。該書後來被不斷翻刻，成爲當時國人瞭解世界的重要書籍。在戊戌變法前後，《瀛環志略》的流傳達到了高峰，康有爲、梁啓超等都曾精讀過此書，該書還在辛亥革命時期產生了影響。

《瀛環志略》的學術特點可以概括爲一以下幾點：

第一，比較全面系統的介紹了世界各國的歷史地理情況，取材精審，記述準確。《瀛環志略》十卷，以圖爲綱，卷一至卷三爲世界輿圖、中國輿圖、亞洲各國，卷四至卷七爲歐洲各國，卷八爲非洲各國，卷九至卷十爲美洲各國。該書在全篇的篇首附有地圖，共有地圖 42 幅，然後附以敘述、印證、注解、按語、評論，對世界五大洲近 80 個國家和地區的地理位置、面積、人口、歷史、政治、宗教、風俗都有詳細的介紹，對亞洲、歐洲和北美洲的記述尤爲詳備，對中國人很少瞭解的南美洲、大洋洲和非洲都有所記載。

第二，初步吸收了某些近代地理學科學的概念，重視地圖的作用。《瀛環志略》以四大洲和五大洋來劃分當時的世界，已經注意到了大陸和海洋的區別，與當時中國文獻中以「東南洋」、「西南洋」、「小西洋」、「大西洋」等觀念相比，顯然更具科學性。

第三，系統的介紹了西方的民主制度，高度推崇華盛頓。《瀛環志略》對當時法國的民主政治制度、英國的兩院制議會制度、美國的三權分立民主政體等都有較爲詳細的記述，尤其推崇華盛頓。

徐繼畬《自序》曰：

「地理非圖不明，圖非履覽不悉，大塊有形，非可以意爲伸縮也。泰西人善於行遠，帆檣週四海，所至輒抽筆繪圖，故其圖獨爲可據。道光癸卯因公駐廈門，晤米利堅人雅裨理，西國多聞之士也，能作閩語，攜有地圖冊子，繪刻極細，苦不識其字，因鉤摹十餘幅，就雅裨理詢譯之，粗知各國之名，然匆卒不能詳也。明年再至廈門，郡司馬霍君蓉生購得地圖二冊，一大二尺餘，一尺許，較雅裨理冊子尤爲詳密，並覓得泰西人漢字雜書數種，余復搜求得若干種，其

書俚不文，淹雅者不能入目。余則薈萃採擇，得片紙亦存錄勿棄，每晤泰西人，輒披冊子考證之，於域外諸國地形時勢，稍稍得其涯略，乃依圖立說，採諸書之可信者，衍之為篇，久之積成卷帙。每得一書，或有所聞，輒竄改增補，稿凡數十易。自癸卯至今，五閱寒暑，公事之餘，惟以此為消遣，未嘗一日輟也。陳慈圃方伯、鹿春如觀察見之以為可存，為之刪訂其舛誤，分為十卷。同人索觀者多慫恿付梓，乃名之曰《瀛寰志略》，而記其緣起如此。道光戊申秋八月五臺徐繼畬識。」

《瀛環志略》卷首《凡例》曰：

一、此書以圖為綱領，圖從泰西人原本鉤摹其原圖，河道脈絡細如毛髮，山嶺城邑大小必備，既不能盡譯其名而漢字筆劃繁多亦非分寸之地所能注寫，故河道僅畫其最著者，山嶺僅畫其大勢，城邑僅標其國都，其餘一概從略。

一、此書專詳域外葱嶺之東，外與興安嶺之南五印度之北一切蒙回各部皆我國家候尉所治，朝鮮雖斗入東海，亦無異親藩，骨神州之扶翼，不應闌入，此書僅繪一圖於卷首，明拱極朝宗之義而不敢贅一辭。

一、南洋諸島國葦杭閩粵五印度近兩藏，漢以後、明以前皆弱小番部，朝貢時通今則骨變為歐羅巴諸國埠頭，此古今一大變局，故於此兩地言之較詳，至諸島國自兩漢時即通中國，歷代史籍不無記載，然地名、國號輾轉淆訛，方向遠近亦言人人殊，莫可究詰，轉不如近時閩粵人遊南洋者所紀錄為可據，此書於南洋諸島國皆依據近人雜著而略附其沿革於後。五印度現為英吉利屬部皆依據泰西人書其歷代沿革過於繁瑣，且半涉釋典，僅於篇中略敘數語以歸簡淨。

一、西域諸部迤南之波斯、天方諸國，泰西人繪有分圖，其?嶺之西、裏海之東、波斯、愛烏罕之北、俄羅斯之南，泰西人繪為一圖，總名為達爾給斯丹（斯丹一作士丹，西域言國主也。《元史》訛為算端，又作算灘），乃古時康居、大夏、大宛、大月氏、奄蔡諸國，歷代變更沿革亂如棼絲，近世士大夫從軍西域者亦多所撰述，今止就見於官書者約略言之，不敢涉考據之藩籬，亦聊以藏拙云爾。

一、日本、越南、暹羅、緬甸諸國歷代史籍言之綦詳，今止就其現在國勢、土俗立傳而略附其沿革於後，至歐羅巴、阿非利加、亞墨利加諸國從前不見史籍，今皆遡其立國之始以至今日，其古時國名如巴庇倫（今土耳其東土）、波斯（即今波斯）、希臘（今土耳其西土）、猶太（即拂菻，今土耳其東土）、羅馬（即大秦，今意大里亞列國）、厄日多（即麥西，在阿非利加北境）、非尼西亞（即加爾達額，在阿非利加北境）之類皆別爲一傳附於今本國之後，庶幾界畫分明，不涉牽混。

一、泰西諸國疆域、形勢、沿革、物產、時事，皆取之泰西人雜書，有刻本、有抄本並月報、新聞紙之類約數十種，其文理大半俚俗不通而事實多有可據，諸說間有不同，擇其近是者從之，亦有晤泰西人時得之口述者湊合而敷衍成文，期於成片段而已，取材既雜不復注其出於某書也。

一、泰西人如利瑪竇、艾儒略、南懷仁之屬，皆久居京師通習漢文，故其所著之書文理頗爲明順，然誇誕詭譎之說亦已不少。近泰西人無深於漢文者，故其書多俚俗不文，而其敘各國興衰事蹟則確鑿可據，乃知彼之文轉不如此之樸也。

一、外國地名最難辨識，十人譯之而十異，一人譯之而前後或異。蓋外國同音者無兩字，而中國同音者或數十字；外國有兩字合音、三字合音，而中國無此種字。故以漢字書番語，其不能吻合者本居十之七八，而泰西人學漢字者皆居粵東，粵東土語本非漢文正音，輾轉淆訛，遂至不可辨識。一波斯也，而或譯爲白西，轉而爲包社巴社，訛而爲高奢，余嘗令泰西人口述之則曰百爾設，又令其筆書之則曰比耳西。今將譯音異名注於各國之下，庶閱者易於辨認，然亦不能遍及也。

一、泰西人於漢字正音不能細分，斯也、士也、是也、實也、西也、蘇也混爲一音，而剌與拉無論矣；土也、都也、度也、杜也、多也、突也混爲一音，而撒與薩無論矣。故所譯地名、人名，言人人殊。

一、泰西各國語音本不相同，此書地名有英吉利所譯者，有葡

萄牙所譯者。英人所譯，字數簡而語音不全；葡人所譯，語音雖備，而一地名至八九字，佶屈不能合吻。如花旗之首國，英人譯之曰緬，葡人譯之曰賣內。賣讀如美，內讀如呢。今姑用以紀事，無由知其孰爲是非也。

一、地名中，亞字在首者皆讀爲阿，在尾者多讀爲訝。加字多讀爲噶平聲，亦有讀爲家者。內字皆讀爲平聲，音近尼。屙字讀如訶。

一、各國正名，如瑞國當作瑞典，嗹國當作嗹馬，西班牙當作以西把尼亞，葡萄牙當作波爾都噶亞。然已經更改，閱者猝不知爲何國，故一切仍其名稱。

一、外國地名、人名，少者一字，多者至八九字，絕無文義可循，數名連寫，閱者無由讀斷。今將地名、人名悉行鈎出，間加圈點，以醒眉目。明知非著書之體，故取之便於批閱耳。

卷末掞雲樓主人《跋》曰：

「自泰西人周歷大地，而宙合之內疆域形勢，如數掌螺。年來舟車幾遍，蠻觸紛爭，尤以地理爲切要。故其志地之書，不但供博覽之資，且足備經世之略。顧自利氏、艾氏以後，紀載雖夥，不失之誇，即失之俚，惟松龕先生《瀛環志略》一書，考核甚精，敘述亦簡，洵稱善本。惜原刻篇幅太寬，板漸漫漶，其日本翻刻者校讎未當，舛誤尤多。暇時與二三同志精心摹縮，詳加訂正，不敢秘諸什襲，爰付手民，以公同好。同治癸酉新秋掞雲樓主人跋。」

9.《新刻萬國朝宗》六卷（1873）

戴作銘輯。

（1）北京大學圖書館藏清同治 2 年〔1873〕敦德堂刻本。（2）上海圖書館藏清光緒元年（1875）玉泉山房刻本四冊。此書共六卷，是作者輯錄考證 108 種歷史文獻而成，其考證輯錄的國名 840 個跨越古今中外，並按其國名分條敘述，相當於一個地名辭典。卷一爲東方諸國集傳，卷二、三爲西方諸國集傳，卷四爲南方諸國集傳，卷五爲北方諸國集傳。卷六爲方域未詳諸國。

10.《瀛海論》三卷（1876）

張自牧撰，卷末署羅江荷笠者撰。羅江荷笠者，張自牧號。

（1）國家圖書館藏清光緒二年（1876）刻本 1 冊。

（2）光緒十七年（1891）上海著易堂鉛印「小方壺齋輿地叢鈔」本。

（3）韓國首爾大學校圖書館（奎章閣）藏清光緒 3 年（1877）酉腴仙館活字本 1 冊，有光緒 3 年（1877）楊彝珍的《序》（據全寅初主編《韓國所藏中國漢籍總目二》第 427 頁，學古房 2005 年版）。

（4）北京圖書館出版社《歷代邊事資料輯刊》第五冊影印本。

（5）復旦大學藏清刊本 1 冊（本書提要採用此版本）。

《瀛海論》分上中下三篇，每篇一卷，計三卷，均是以「論」爲核心。上篇以亞洲爲中心，介紹了書中所稱東洋、西洋、南洋周邊國家的名稱、地理方位和政治沿革情況。中篇闡述了作者對清末興辦洋務熱潮的意見，即是對近代西方自然科學——數學、物理、化學、天文曆算以及汽車、火車和輪船等機械製造技術的看法。作者認爲西方自然科學均淵源於中國古籍記載，「城守舟戰之具，蛾傳羊坽之篇，機器兵法皆有淵源。墨言理氣，與管關莊列諸子互相出入，《韓非子》《呂氏春秋》諸書備言墨翟之技，削雀能飛，巧輶拙鳶，班班可考。泰西智士從而推衍其緒，其精理明言，奇技淫巧本不能出中國載籍」，體現了該書作者排斥和輕視西方自然科學的狹隘保守主義的文化傾向。而且本書對海防的認識：「我沿海起廣東迄東三省，袤延萬里，廣州、廈門、寧波、上海、鎮江、燕臺、天津、牛莊及內地九江、漢口洋人皆有埔頭，租地構樓，屋積貨財，婦子聚居已二十餘年，輜重既多，不敢輕於發難。各國在西土本多猜嫉之情，其入中國互有牽制之勢，當不能聽一國獨有所逞。又彼越海遠來，志在牟利，非有覬覦土地人民之心，飆（「風」爲系）此三者言之，則海防非所亟也。」這種見識是十分淺陋和錯誤的。本書下篇則以答客問的形式，逐題辯難，闡述了作者對西方宗教、語言風俗的見解和主張，最後得出了「夫治洋務者多言不如少言，少言不如不言」的結論，明確揭示了作者保守主義的傾向。

11.《蠡測卮言》一卷（1891）

張自牧著。光緒十七年（1891）上海著易堂鉛印「小方壺齋輿地叢鈔」本。

12.《中外地輿圖說集成》一百三十卷，卷首三卷（1894）

扉頁題同康盧主人輯。上海圖書館與北京大學圖書館藏光緒二十年（1894）上海積山書局石印本 24 冊，正文 130 卷，卷首 3 卷，總計 133 卷。

卷首有光緒二十年邵濟川序和《凡例》。其實這是一部廣採中外輿地著作的彙編而成書，有如一部叢書，然採錄諸書有全錄者，亦有擇要錄入者。卷首三卷是中外輿地地圖，包括圖說。卷 1～卷 3 是中外輿地總論；卷 4～卷 103 是中國山川地理著作彙集；卷 104～卷 130 是有關域外地理的著作彙集。該書《凡例》云：「一、是編廣羅群集，參乎讎校。自庚寅纂輯始，迄今四易寒暑而成。一、是編輿地之學不下千百種，悉係名人著作，惟此中或全錄或舉要，延請名宿抉擇以求其精。一、是編直省輿圖取江陰陸氏原本，各國輿圖取泰西諸名作，勾勒曲繪，朗若列眉，俾閱者可以按圖索驥耳。一、是編列一百三十卷，始華夏終外洋。山川、風景、重鎮、要隘一一詳載，洵掌故家必覽之書。一、是編記載撫馭藩屬、綏服島夷，隸新疆於版圖，制臺灣為行省，重邊防者東三省。歷使車者五大洲。開拓之盛，德化之隆，足冠千秋載籍之光也。一、滇黔險要，今昔迥殊。是編遠引旁徵，務求詳備，亦以為審時度勢之助焉。一、沙線、海道、漕河、村堡，時易勢遷，稱名不一。茲引證載籍，備錄原委，以資考鏡。一、風土人情，鉅細必錄。一以供輶軒之考證，一以增閱世之見聞。案置一編者，奚啻作萬里壯遊。一、匯刻巨製必嚴體例，今搜羅諸作詳加刪汰，別類分門，有條不紊。原著姓名一一標注，不敢稍存掠美之私。至於校讎之精，繕寫之工，石印之毫髮無憾。博雅君子，當以先觀為快也。一、地輿之書，種類繁多。方今輯休使旌四出，著作之富，日盛月新。本廬度藏泰西英字刻本、日本倭字刻本未經譯出。俟續編成以供同好。光緒二十四年甲午夏六月浙東同康廬主人謹識於上海積山書局。」

卷 104，東南三國記、高麗論略、朝鮮考略、征撫朝鮮記、朝鮮八道紀要；

卷 105，朝鮮風土記、高麗瑣記、朝鮮輿地說、朝鮮疆域紀略、朝鮮會通條例、東國名勝紀、入高紀程、巨文島形勢；

卷 106，朝鮮諸水編、高麗水道考、越南考略、安南雜記、越南山川略、越南道路略、中越交界各隘卡略、金透國記；

卷 107，越南志、安南小志、越南世系沿革略、越南疆域考；

卷 108，越南地輿圖說；

卷 109，緬甸志、緬甸考略、征緬甸記、緬甸述略、入緬路程、緬甸新紀、暹羅考、暹羅志、暹羅考略、暹羅別記、東洋記、日本考略、日本疆域險要；

卷 110，日本沿革、日本通中國考、袖海編、新開地中河記、阿比西尼亞國述略、探地記；

卷 111，日本河渠志

卷 112，小西洋記、河利未加州各國志、亞非理駕諸國記、地蘭士華路考、埃及紀略、埃及國記、亞美利駕諸國記、周行紀略

卷 113，美國記、三藩市紀、墨西哥紀、秘魯形勢錄、印度考略、印度志略、五印度論、印度風俗紀、印度紀遊

卷 114，印度箚記、波斯考略、阿剌伯考略、俾路芝考略、阿富汗考略、東土耳其考略、英屬地志、阿塞亞尼亞群島記

卷 115，東南洋記、東南洋鐵路、東南洋島紀略、呂宋紀略、南洋記、崑崙記、南澳氣記、柔佛略述、檳榔嶼遊記、般島紀略、遊婆羅洲記、白蠟遊記

卷 116，海島逸志、葛剌巴傳、南洋述遇

卷 117，南洋事宜論、南洋各島國論、三得帷枝島紀略、海外群島記、新金山記、澳洲紀遊、他士文尼亞島考略、牛西蘭島紀略、南極新地辨、使琉球記、琉球實錄

卷 118，琉球說略、琉球形勢略、琉球朝貢考、琉球向歸日本辨、海錄

卷 119，大西洋記、西方要紀、通商諸國記、英吉利地圖說、歐洲總論

卷 120，中西關係略論、使西紀程

卷 121，出洋瑣記、出使須知

卷 122，瀛海採問紀實、涉洋管見、出洋須知

卷 123，瀛海論、蠡測卮言

卷 124，瀛海卮言、遊英京記

卷 125，遊歷筆記、泰西城鎮記、彈丸小記

卷 126，土國戰事述略、冰洋事蹟述略、探路日記、遊歷芻言

卷 127，三洲遊記

卷 128，三洲遊記

卷 129，天下五洲各大國志要

卷 130，修水口以利通商

13.《五大洲述異錄》四卷（1896）

題黎床舊主輯。上海圖書館與國家圖書館藏清光緒二十二年（1896）上

海書局石印本四冊。此書並不是一部嚴格完整意義上的地理著作，包含了許多世界各地的奇聞軼事，然其中也匯輯很多有關世界地理篇帙，可資參考。如《六國記》（包括德國、奧地利、意大利、英國、法國、俄國六國）、《五大洲各國幅員約記》、《五大洲》、《摩爾奈國》、《美國鼎興》、《德皇遊暹羅國花園小記》、《富雄列國》、《五大洲各國人數約記》《興亞聱三都島》、《喜羅連島》、《威士哥沙島風土小記》、《暹羅風景》、《新嘉坡古蹟》、《葡萄牙建國記》、《墨西哥國》、《俄疆客述》、《羅馬國挪斯廟》、《日本文士岡錄門》等等。其中，《五大洲》一篇論及了西人探險北冰洋風土和南冰洋情形，《摩爾奈國》一文則敘述了世界最小幅員之國的疆域風土和政體情況。

14.《海國公餘輯錄》六卷（1896）

張煜南輯。蘇州大學藏光緒二十四年冬月刻本。卷首有關廣槐、楊沅序、熊曜宗、溫仲和等人的序以及張煜南自序、梁迪修跋。據卷首溫仲和序，該書是張煜南擔任「檳榔嶼副領事所輯錄也，故以檳榔嶼為緣起，因及南洋各島，東西洋各國則皆取之徐松龕中丞《瀛寰志略》，其後三卷則時賢之論說與詩也。」全書共分六卷，卷一記述檳榔嶼，分天時、地輿、始事、疆理、水程、形勢、食貨、稅餉、添設領事、流域詩歌幾個部分。卷二主要是五大洲總論，分為地球、皇清一統輿圖、亞細亞、東洋二國、南洋濱海各國、南洋各島、東南洋大洋海各島、五印度、印度以西回部四國、西域各回部、歐羅巴、俄羅斯國、瑞國、嗹國等幾部分。卷三分為奧地利亞國、普魯士國、日爾曼列國、瑞士國、土耳其國、希臘國、意大利亞國、荷蘭國、比利時國、佛郎西國、西班牙國、葡萄牙國、英吉利國、阿非利加各國、阿非利加海灣群島、亞墨利加、北亞墨利加冰疆、北亞墨利加英吉利屬部、北亞墨利加米利堅合眾國、北亞墨利加南境各國、南亞墨利加各國、亞墨利加海灣群島。卷四則是作者輯錄的吳曾英、陳次亮、馮桂芬、高雲麟、季麒光等人有關外交、通商及世界地理的「論」、「議」、「疏」、「說」。卷五是作者輯錄的趙銘、薛福成、許郊、徐灝、王之春等人的「序」、「跋」、「詩」、「賦」。卷六分為東洋二國（日本、琉球）、南洋濱海各國（安南、暹羅、緬甸）、南洋各島（呂宋、西里百、婆羅洲、噶羅巴、口昔口力、蘇門答臘）、五印度及西域回部諸國、歐羅巴各國（俄羅斯、瑞典、嗹馬、奧地利、日爾曼、瑞士、土耳其、希臘、意大利亞、荷蘭、比利時、法蘭西、西班牙、葡萄牙、英吉利）、阿非利加各國、亞墨利加各國（北亞墨利加米利堅合眾國、北亞墨利加英吉

利屬國、南北亞墨利加各國、南北亞墨利加群島）。

　　張煜南自序曰：「蓋聞聖化由近以及遠修儒，博古亦通今，故忠信篤敬、蠻貊能施問俗采風、輶軒策命。予不敏，竊嘗存此志而綣繾不置，因思我朝德被寰中，化通海外，若棉蘭、檳嶼諸大埠華商雲集，洋務日增，苟有人焉為之談瀛海、講文物，此邦人士當必有迴首內向，喁喁說服者。蓋異域也，不脅中國焉。憶！予自服官南洋以來，始則承辦洋務，職守棉蘭，繼而奉命中朝篆權檳嶼。公事孔亟，暇日無多，卷帙雖富，難時披覽幸，適來有弟耀軒得以分任棉蘭事，予遂從檳署退食，檢點殘篇，搜集舊聞，詳稽時務，並與當世大夫往來贈答，博訪兼諮，舉凡風土人情、山海形勢、道里廣狹、電報異同，有知悉而言詳者，一一而筆諸書，因輯有海國公餘一錄。曰海國者，撰自異邦也；公餘者，政有餘閒也；曰輯錄者，不敢竊取也。憶嘻！是錄也，撿拾成編，不過參考自便，何敢炫以示人耶。不意今冬適有客來，見而異之，因謂是錄也，搜羅富考，據精抉擇，嚴彰瘴確大有益於學問治功也者。力勸公諸同好。予乃不辭固陋，遂付剞劂，俾同志者考中外，稽時勢得豁然於心目間也，亦未嘗無小補云。光緒二十二年季冬月嘉應張煜南序於南陽別墅。」

15.《六大洲說》一卷（1897）

　　傅雲龍著。載光緒二十三年（1897）上海著易堂鉛印「小方壺齋輿地叢鈔再補編」第 1 帙本。

16.《瀛環志略訂誤》一卷（1897）

　　□毅撰。光緒二十三年（1897）上海著易堂鉛印「小方壺齋輿地叢鈔再補編」第 12 帙本。

17.《地圖說》一卷（1897）

　　莊廷勇著。光緒二十三年（1897）上海著易堂鉛印「小方壺齋輿地叢鈔再補編」本。

18.《瀛海卮言》一卷（1897）

　　王之春。光緒二十三年（1897）上海著易堂鉛印「小方壺齋輿地叢鈔再補編」本。

19.《大九州說》一卷（1897）

　　薛福成。光緒二十三年（1897）上海著易堂鉛印「小方壺齋輿地叢鈔再補編」本。

20.《每月統紀傳》一卷（1897）

闕名撰。光緒二十三年（1897）上海著易堂鉛印「小方壺齋輿地叢鈔再補編」第 12 帙本。

21.《萬國地理全圖集》一卷（1897）

闕名撰。光緒二十三年（1897）上海著易堂鉛印「小方壺齋輿地叢鈔再補編」本。第 12 帙本。

22.《萬國風俗考略》一卷（1897）

鄒弢撰。光緒二十三年（1897）上海著易堂鉛印「小方壺齋輿地叢鈔再補編」本。第 12 帙本。

23.《五洲屬國紀略》四卷，附《年表名字異同表》（1898）。

沈林一撰。上海圖書館藏清光緒二十四年（戊戌 1898）上海練青軒鉛印本四冊。卷首有光緒二十四年沈林一《自序》，卷末有光緒二十四年（戊戌 1898）薛瑩中《跋》。全書四卷，敘述了英、法、美、荷蘭、西班牙、葡萄牙、意大利在亞、歐、美、非、澳等五大洲的各個殖民地，「凡疆域之險易、山川之阻深、戶口之息耗、藩部之予奪、治理之得失、商埠之盛衰」（卷首《凡例》）皆有較爲詳細的記述。具體說來，卷一，自序、目錄、例言、總敘、分敘、年表；卷二，英屬亞洲印度部第一（孟加拉國國各省附亞丁安他曼、尼可巴辣克代夫群島、勃立門）、英屬亞洲印度土邦第二（錫金、巴哈爾諸部）、英屬亞洲印度土邦第三（克什米耳、尼泊爾、布丹、阿富汗、俾路芝）、英屬亞洲緬甸第四（附撣人）、英屬亞洲海門部第五（新嘉坡、麻六甲、檳榔嶼、威烈司雷、丹定司、白蠟、石蘭莪、芙蓉、柔佛、彭亨、尼格里桑比郎附科科斯群島、六昆、吉德、大尼、吉蘭丹、丁噶奴）、英屬亞洲南洋各島第六（般島、埔坭、蘇祿、拉布灣、錫蘭、襪爾代夫、香港、附九龍）、英屬歐洲地中海各島第七（日巴拉爾大峽、毛爾塌、居伯羅）、英屬阿洲南土第八（炭樸、奈脫爾）、英屬阿洲西土第九（塞拉勒窩內、甘比亞、金邊、拉各斯、尼日爾）、英屬阿洲各島第十（三達厄勒那、阿蘇阿斯、提司當岡哈、毛里西、蒲爾本、三拋略、新亞摩司得爾登、索哥德拉）、英屬美洲加那大第十一（加那大、附勃林士遏甲墨利頓灣戈窪、安提哥士地格侖門納諸島、紐芬蘭附臘勃拉多）、英屬美洲西印度群島第十二（牙馬加、巴哈麻、特尼答、巴八都士、土克司、溫特瓦、裏瓦、百爾慕他、歪阿那、閩

都拉斯、麥哲倫、配爾墨哀拉）、英屬澳洲各地第十三（新南威而士、域多利亞、坤士蘭、南澳洲、西澳洲）、英屬澳洲各島第十四（他士文尼亞、紐西蘭、紐喀里多尼、斐濟群島）、卷三法屬亞洲越南第十五（北圻中圻）、法屬亞洲西貢第十六（南圻）、法屬亞洲柬埔寨第十七（附印度本地治里各地）、法屬阿洲各地第十八（塞內加爾、西蘇丹、南河、附象邊北凝、公額、額波克、阿爾及耳、突尼斯、馬達加斯加、科士島）、法屬美洲各地第十九（密寬倫、森披埃、歪阿那、附聖排召老慕各島）、俄屬亞洲圖爾齊斯坦第二十（德其士丹、費爾干、烏拉士克、塞米烈成士克、塞米巴拉登士克、阿克麻林士克、附加帕米爾、甘查甲、庫頁島、成伯賴島）、俄屬歐洲波蘭部第二十一、德屬阿洲各地第二十二（托哥蘭、加美倫、附美洲聖妥瑪士島）、美屬美洲各地第二十三（散維齒、阿拉斯喀、附安特里拿諸島）、義屬阿洲各地第二十四（馬蘇阿、阿薩伯、附薩爾的尼亞、西治里）、英屬亞洲南洋各島第二十五（爪哇、蘇門答拉、彭楷、比力頓、婆羅洲、西里百、巴拿馬、德拿、安門、塔毛耳、麻里落莫、巴布亞、附美洲歪阿那、古剌可諸島）、葡屬亞洲各地第二十六（澳門附青洲島、屙襪、達蒙、地問、的玉）、葡屬阿洲各地第二十七（摩三必克、瑪律代、阿梭爾、幾內亞、綠山頭、桑多美、北林西皁）、西屬亞洲呂宋第二十八（斐里比納群島、嘉羅連群島）、西屬美洲古巴第二十九（古巴、波妥利哥）、西屬阿洲各地第三十（潑來西多、法難多波、高利司哥、阿諾邦）、土屬歐洲布加利第三十一（附干地亞米地凌治阿哥斯帶沙尼格里諸島）、土屬阿洲埃及第三十二（附的黎波里）、日屬亞洲琉球第三十三（附千島）；卷四，附錄亞洲各國第三十四（朝鮮、暹羅、老撾、波斯、阿剌伯）、歐洲各國第三十五（希臘、丹馬、羅馬尼、塞維亞、門得內哥）、阿洲各國第三十六（公額、摩洛哥、附撒哈拉阿比西尼亞蘇丹桑給巴）、中美洲各國第三十七（危地瑪拉、桑薩爾瓦多、閡都拉斯、尼加拉瓜、哥斯塔利嘎、昌斯奎拖、墨西哥、海地、山度明哥）、南美洲各國第三十八（巴西、秘魯、玻利非亞、智利、可侖比亞、委內瑞拉、厄瓜多爾、巴拉圭、烏拉圭、阿根廷）、名字異同表。

光緒二十四年沈林一《自序》：

「國於地球之上，大小強弱與時不同。……及於內地。何者？國有屬部，猶本根之有枝葉。堂戶之有藩籬，枝葉剪而本根孤，藩籬撤而堂戶寒。故曰：善守國者守於境外。境外不守，而其境內之

危可知也。西人吞併諸地雖尚智力，而還定安集必有實心實政行乎其間。彼之越國以鄙遠者，固有其道存焉。爾今各大國史志多有譯著而屬地或略焉不詳。余因博採軼聞、廣詢譯友，輯爲此書，考海外方志者，倘有取焉。光緒二十四年，歲在著雍閹茂，孟夏之月，錫山沈林一自敘於練青軒。」

《各國屬地總序》（載《五洲屬國紀略》卷一）：

「自古國之強弱，存亡之數。雖曰天命，豈非人事哉。埃及、波斯、希臘、羅馬、土耳其皆古強大文明之國，今或夷滅，或貧弱不振。俄嘗蹶與法，法嘗蹶與普，而餘燼甫息，旋復鼎盛，有過昔時。美固英之屬地也，崛起自立以英之強而不能不低顏，降心聽其自主。今泰西儒者有所謂天演之學。其曰物競，曰天擇，與吾儒所謂栽培傾覆之理若合符節。西人惟能盡人事以與天競，故數百年來方熾昌而未已。使天下之國皆知自競，則盛衰倚伏。今日之屬人國者，安知不爲人屬。而吾今之所謂屬國者，安知不與俄法德美繼踵而代興也。今敘各國屬地，首英吉利，次法蘭西，次俄羅斯，次德意志，次美利堅，次意大利，次荷蘭，次葡萄牙，次西班牙，次土耳其，次日本，又附錄各國，最三十八篇。」

卷末有光緒二十四年（戊戌 1898）薛瑩中《跋》，曰：

「治國者，有道焉、有器焉。三綱四維，道也，此不變者也。兵農工商，器也，此必變者也。封建變而郡縣，弓矢變而槍炮，營汛變而募勇，海禁變而通商，豈好變哉？時爲之也！昔唐宋元明末世之法與其開國之法，無以異也，法弊而不變，雖守其器已失其道，而道亦不足以自存，有善變者取而代之，而興也浡焉。然或好言變法至並其不變者而變之則未覩其益而先受其害，是兩失也。今之言變法者，蓋未有如重民權、改服色二說之謬者也。民權之說，南皮尚書已辨之矣。服色之議，幸而不行，行之，未有不害者也。王者易姓受命，始改服色，然且有不盡然者。國初，薙髮令下，畔者四起。久之，始定。若無故而製冠毀冕，設有不從，不能治以悖逆之罪也。此不可行一也。會匪、土匪動以洋教爲名，若復助以口實，則蠢動愈多，脅誘愈便。褻威長亂，此不可行二也。平民衣食維艱，多恃典質爲生。推解既窮，飢寒並迫。且典肆富商國之元氣，一旦

傾倒，元氣大傷。此不可行三也。服色既改，起居日用之物，相連俱改。華民失業而洋貨暢銷。是嫌漏卮不廣而益疏尾閭，此不可行四也。況彼既執民權之說而獨至新政之行，惟以國力相壓，不亦矛盾之甚耶！董仲舒曰：有改制之名無變道之實，今吾當變之、法之，未能盡行，行之不如泰西、日本者眾矣。不務力行而惟彼之急是宋人學而名其母者類也。適爲變法之蠹而已。余妻兄儷昆中翰，好言西法而不溺於西。先中丞公最激賞之，謂其有用世才，非空談經濟比也。余觀其所著《五洲屬國紀略》，按時立論，有因事納忠之意，亟慫恿付梓。梓既竣，而兄又爲余言如此，因即書其說以爲之跋。戊戌七月無錫薛瑩中識。」

《五洲屬國紀略·例言十則》曰：

「一、各國屬部約分三等，一附庸之國，內政皆由自主惟和戰遣使大事乃聽命焉。一保護之國，內政亦由保護者遣使監理，所謂半主之國。一則郡縣其地，役屬其民，悉從本國政例施治。王亦僅存虛號，廢立由己，所謂屬部是也。如英之於印度，法之於越南，各省各部治法不同，今悉依屬分列而其事實各具篇中。

一、各國屬地英爲最大，五洲分屬，各爲一篇。其他屬地褊狹或分或合，以省瑣繁，至若屬地相連，如幾內亞之分屬英法葡，歪阿那之分屬英法荷者，則各附於所屬之下，以示名從主人之義。

一、凡疆域之險易、山川之阻深、戶口之息耗、藩部之予奪、治理之得失、商埠之盛衰，或地處一隅而動關全域（如日巴拉爾大峽），或昔具要津而旋成散埔（如好望角），指陳所及不厭求詳，其有矜尚新奇，留連風景，無關閎旨，蓋付闕如。

一、西國公法凡華離甌脫之地，先得爲主。故探極闢土之舉，歲有所聞。至於彼此相爭，則憑公斷。智力相敵，則聽兩屬。此編或從其朔（如埃及仍入土屬），美洲或執其中（如朝鮮則入附錄），或許田已易而無取舊名（如俄屬美洲之監札加，今已屬美，名阿拉司喀），或趙璧難完而寧從尊譯，分別部居，閒存微意。

一、西國經營所屬，每至一處則議會、學堂、兵房、炮臺、鐵路、電線、礦場、監獄之屬無不隨時建立，大者兼有船澳、博物院等百廢具舉，不能隨地悉記，間於各地分志一二，以期互見。

　　一、人地諸名，以西譯中有音無義，或一地而彼此不同一書而前後互異，往往化一爲二，燕說郢書。今有前書可據，及舊圖可考者，悉用原名，其新地新名，皆取譯本對音。常用之字務歸明切，不尚詭奇，並附《名字異同表》一篇於後，以使檢核。

　　一、年代先後概用中曆而附注西曆於下，以省鉤稽。至方里銀數或兼用英法，則仍譯者原文，以今知者已多，不復復注。

　　一、地形事蹟核實爲宗，悉藉根據，非能臆造，除採前人著作之外，或錄之新報或詢之譯友，必有徵信始以入編，惟採取繁多，未能一一注所從出，亦李次青氏《先正事略》例也。

　　一、近譯西書多詳大國，偏隅荒島，每至疏遺，即或偶見群書，而時地遷移，輒多舛誤，此編略舊取新。於光緒二十年前後爲詳，其前代沿革、風俗物產已具前書者錄其大凡而已。至於自主小國無所統屬者，今並甄輯，附於後篇。

　　一、地志之學，西人圖說，並精中文。考外國輿地者，徐、魏而外，譯述寥寥。且非通曉大勢則彼之地名、省號詰屈聱牙，亦非略識西文所能著筆。薛叔耘中丞嘗有《續瀛寰志略》之議，惜未成書。此編搜採有年，藉存崖略。昔人云：百聞不如一見，百說不如一圖。考訂詳備，願以俟之異日。」

24.《五洲述略》四卷（1902）

蕭應椿撰。

（1）上海圖書館與北京師範大學圖書館藏清光緒二十八年（1902）紫藤華館刻本六冊。

（2）南京圖書館藏清光緒二十八年（1902）刻本 6 冊。

卷首有《凡例》、光緒辛丑六月寶坻李熙《序》以及《五洲述略採錄書目》。《五洲述略採錄書目》明確列出該書引用了《高麗論略》、《朝鮮考略》、《日本國志》、《列國陸軍制》、《美國地理兵要》、《防海新論》等 78 種書目。而且卷首有一個《國名表》，分爲國名、古今異名、國政（即政體）、國都四欄。全書共分四卷：卷一國名，卷二疆域，卷三戶口，卷四兵制。該書簡述了亞洲的朝鮮、日本、越南、暹羅、廓爾喀、阿富汗、俾路芝、波斯、歐曼；歐洲的俄羅斯、瑞典諾威、丹國、荷蘭、比利時、德意志、奧斯馬加、土耳

其、羅馬尼、塞爾維雅、門的內哥、布加利亞、希臘、瑞士、意大利、西班牙、葡萄牙、法蘭西、英吉利；非洲的埃及、阿比西尼亞、的波里、突泥斯、阿爾及耳、摩洛哥、哥多番、達夫耳、蘇丹、亞德耳、亞然、桑吉巴、莫三鼻、麼諾麼達巴、塞內甘比亞、幾內亞、公額、里卑里亞、蘇路蘭、屙蘭日、德蘭士瓦；北美洲的美利堅、墨西哥、瓜地馬拉、桑薩爾瓦多耳、哄都拉斯、尼加拉瓜、哥斯德爾黎加、海帶、山度明哥；南美洲的新加拉那大、厄瓜多、委內瑞辣、巴西、秘魯、玻里非亞、巴拉圭、烏拉圭、拉巴拉他、智利，共68個國家的國名源流演變、疆域沿革、戶口多寡及其軍事裝備、員額和兵種設置狀況。作者在卷一《國名》卷前《小序》中言：「今吾內地遇遠人則夷之，語殊方則洋之。既不知環球有五大洲，更不辨五洲有若干國。其視平賓館即是犁庭，謂殲埠頭從茲埽穴也不佞。竊以為開民智，責在士人。⋯⋯今既聘市互通，詎可稱名罔悉，爰一一標其建號，俾人人知彼源流。」卷四《兵制》開篇的《小序》中又言：「知己知彼，古名將戰勝之原。相法相師，今泰西整軍之要。⋯⋯然當此匹夫有責之秋，神州陸沉之際，⋯⋯用是稽其水軍、陸軍之額籍，常備預備之定章，觀彼雄心，聳吾眾志。⋯⋯惟有同心同德、且懼且謀，庶免俘虜之憂。」由此可知，作者撰著此書的目的就是為了開啓民智，瞭解夷情，以之來抵禦和反抗強敵的侵略。

該書《凡例》曰：

一、是書之輯，託始於庚子之夏，意取當務之亟。故首述各國國名，次疆域，次戶口，又次兵制。其他政治、民風請俟續錄。

一、昔契丹有言：我於宋國之事，纖悉皆知，而宋人視我如隔十重雲霧。今日中國正坐此病。又古語云：知己知彼，百戰百勝。可見知字是從古禦敵要義，然古之敵國為數少，知之也易。今之敵國為數多，知之也難。欲使僻壤窮鄉咸了然於洋有國，國有地，地有人與兵，自非詔以書焉不可。惟時務諸書雖汗牛充棟，然或限於地或限於力，寒士購觀，殊非不易事。不揣固陋，爰輯是編。願讀者因知懼，因懼生奮，因奮生強，勿視如海上蜃樓，虛無縹緲，是則區區之意。

一、是書節錄取其簡約。分類取其明晰。

一、是書於歐洲諸強國及亞洲之日本、美洲之美利堅採錄較詳，著其所以興也。其餘弱小之國不過類及。

一、亞洲之朝鮮、歐洲之土耳其雖為弱小之國，而採錄不視類及之例，著其所以衰也。

一、五洲各地，凡前人載籍目以島，不目以國者，概未錄。

一、各國屬國尚有自主之權者，如非洲之的黎波里、突泥斯、達夫耳等雖小亦錄。各國屬國已無自主之權者，如亞洲之緬甸、非洲之努必阿、加弗勒里那達爾、岌樸哥羅尼、馬達加斯加，美洲之坎拿大、巴他峨尼等雖大不錄。

一、五洲之外，尚有大洋洲、澳大利亞在焉。今泰西人合稱為六洲。大洋洲內屬地居多，間亦有立國者，如薩末亞、如頓瓦、如佛蘭斯維耳等源流不詳故未錄。

一、五洲國名見諸記載者，言人人殊，此何氏所謂十人譯之而十異，一人譯之而前後或異也。傅氏所謂急讀緩讀而字數依義依聲，而譯書異也。今抄錄悉從原書，不強為畫一，別撓古今譯音異名，合列為表，冠諸卷首以便檢查。

一、泰西人著作如《地里備考》、《地理全志》、《外國史略》、《萬國地里全圖集》等類皆由口述筆譯而成，故揆之中國文法不免有辭意倒置、費人思索之處。今悉就原意原文略為更正，以期讀者易解。

一、書中西曆紀年，讀者每苦不知為何世，今悉按《四裔年表》於西曆下注明即中國某朝某代某年間，有未注者亦可以類推。

一、各國人名與地往往多至七八字或十餘字不等，《四國志略》諸書都無標識。讀者於長句每苦斷讀不開。今悉心參校，凡人名皆加單線，凡地名皆加雙線，俾一目了然。

一、戶口、兵制兩門有昔多今少、昔少今多者，備錄於編，俾讀者知其國盛衰大勢。

一、戶口、兵制所採，以《二十四年各國歲計表》為最新。然此兩門歲異而月不同，讀者欲知此後之確數，仍需購閱逐年新表。

一、凡行間小字無按字者，係原書舊有下。加按字者，係採錄新增。

一、書中間附鄙見低一格寫。滇南蕭應椿識

25.《瀛環新志》十卷（1902）

李慎儒撰。上海圖書館藏清光緒二十八年（1902）退思軒石印本六冊（524304－09）。卷首有光緒二十八年呂海寰序、李慎儒自序，卷末有夏霖跋。據該書《自序》可知，《瀛環新志》成書於光緒二十八年。因爲李慎儒認爲「《瀛環志略》實爲講西學者入門第一書」，但是「此書成書在於道光三十年，「其時外國書籍流入中國者尚少，得之傳聞，不無舛漏。又歷咸、同兩朝以至於今時閱數十年，各國疆宇之分合，政治之得失，戰攻之盛衰，半非其舊……蓋松龕先生固望後世有繼之編輯者」。因此，李慎儒以徐繼畬《瀛環志略》爲藍本，「訛者正之，疏者補之，事在道光後者續之」，歷經十餘年時間，參考中外學者所著書籍六十餘種而成是書。《瀛環新志》的卷次劃分仍與《瀛環志略》相同，但李慎儒對《瀛環志略》的增補和訂訛還是非常多的，且凡是新增或訂補之處則加以「新增」或「儒案」字樣。其中，卷一的《地球圖》、《皇朝一統輿地全圖說略》、《東洋二國圖說》、《日本國》、《南洋濱海各國圖說》；卷二的《南洋各島圖說》、《呂宋總按》、《西里百總按》、《蘇祿總按》、《婆羅洲總按》、《噶羅巴總按》、《洛莫群島總按》、《摩鹿加總按》、《巴布亞總按》、《恩力島》、《蘇門答臘》、《澳大利亞總按》；卷三的《五印度圖說》、《五印度總按》、《西域各回部總按》；卷四的《歐羅巴洲總說·幅員》、《歐羅巴洲總說·電線》、《歐羅巴洲總說·曆法》、《歐羅巴洲總說·文字》、《歐羅巴洲總說·權度》、《歐羅巴洲總說·錢幣》、《歐羅巴洲總說·銀幣》《歐羅巴洲總說·錢法》、《峨羅斯總圖說》、《峨羅斯國世代考》、《峨羅斯國總按》、《峨羅斯國政要》、《瑞典挪威世系疆域》、《嗹國世代》、《嗹國疆域》；卷五的《奧地利亞國總按》、《普魯士國世代》、《普魯士國疆域》、《日爾曼列國》、《瑞士國總按》；卷六的《土耳其國總論》、《希臘國疆域》、《意大里亞列國》、《荷蘭國》；卷七的《佛郎西國世系》、《佛郎西國疆域》、《西班牙國疆域》、《葡萄牙國世系》、《葡萄牙國疆域》、《英吉利國總按》、《英吉利國官制政略》、《中英交涉》；卷八的《阿非利加洲圖說》；卷九的《北亞墨利加合眾國圖說》；卷十的《南亞墨利加各國》皆是作者新增的內容，且篇首都有「新增」字樣。總觀全書，《瀛環新志》並不是簡單的對《瀛環志略》的修訂，而是有大量的增補，這些內容都頗具參考價值。因此該書是在《瀛環志略》基礎上的晚清世界地理著述的新發展，其學術價值不可低估

《瀛環新志·凡例》

一、徐氏原書其每句有訛錯或疏略須更正及加詳者，則標明某句下，空一格用「儒案」二字錄之；其須編排別為一段或數段者，則標明「新增」，亦用「儒案」二字附列於後。

一、所引諸書其著書人姓名匯為引用書目，詳載於前，至引用則但舉書名，不舉人名。其一書之中所引用無幾者，則並書名亦不載，以省繁碎。

一、事有得之歷年逢人訪問隨手錄存以次編入者，其人姓名不復記憶則惟以「儒案」統之，非敢掠美也，閱者諒之。

一、徐氏紀年但有中國曆而不用西曆，然是書紀外國之事，當以西曆為主。而不知是中國何代何年則閱者不能明析。今凡於西曆某年皆兼載中國紀年以醒眉目。

一、徐氏於《地球東西兩全圖》未詳環球繞一周道里，蓋其時尚無環遊之人也，茲特詳補其說。至《大清輿圖》徐氏祇寥寥數語示尊王之義，然今東方、北方、西北方皆與俄接，回疆、西藏聲息亦與英之印度相通，則邊境不可不略知大概。茲亦粗補其說。

一、東西洋各國，其權衡度量、錢幣、文字之類各有不同，若散載於各國中，閱者欲比較參考，多覺不便。茲總匯為一篇，新增於《歐洲總論》後。蓋五大洲亞洲而外以歐為首，列之於此，可以賅括各國也。

一、是書卷數悉依徐志，仍為十卷，不另編目錄。其一卷之中，篇幅長者則分為某卷上、某卷下或分為上中下。

《瀛寰新志引用書目》（書之引用無幾者不列此目）

《東華錄》、魏源《聖武記》、張鵬翮《奉使俄羅斯紀程》、《皇朝經世文編》、《滿漢名臣列傳》、俞正燮《癸巳類稿》、和寧《西藏賦》、徐松《新疆賦》、闕名《各省水道圖說》、馮俊光《輿地略》、印光任、張汝霖《澳門紀略》、六承如《紀元編》、葡萄牙國馬起士《地理備考》、煙台官刻本《各國歷年合約》、丁韙良譯《萬國公法》、日本岡本監甫《萬國史記》、英國全約翰輯、美國金楷理口譯、華人王德均述《海道圖說》、英國慕維廉《地理全志》、日本國岡千仞、河野東之同撰《米利堅志》、日本國高橋二郎《法蘭西志》、王韜《普法戰紀》、郭嵩燾《使西紀程》、李圭《環遊地球新錄》、龔柴《地

興圖考》、闕名《東遊筆記》、日本國石村員一《史略》、黃遵憲《日本雜事詩》、《萬國公報》、《歷年西報》、李鼎光《使琉球記》、黃楙材《西輶日記》、何如璋《使東述略》、《西陬牧唱詞》、祁韻士《西陲要略》、前明趙士楨《屯田議》、祁韻士《西域釋地》、林則徐《荷戈紀程》、嚴如熤《洋防輯要》、顧祖禹《讀史方輿紀要》、齊召南《水道提綱》、《林文忠公政書》、《沈文肅公政書》、《輿圖要覽》（闕名，無刻本，係古吳清白草廬抄本）、美國禕里哲《地球說略》、曾紀澤《使法英日記》、《瀛海論》（上中下三篇署名為羅江荷笠者，張自牧撰）、何秋濤《朔方備乘》、清泉芍唐居士《海防紀略》、《左恪靖侯奏稿》、英國慕維廉《大英國志》、《星軺指掌》（布國馬頓爾原本、葛福根注，京都同文館譯、美國丁韙良校核）、賓椿《乘槎筆記》、美國吳爾璽著、丁韙良譯《公法便覽》、美國林樂知《四裔編年表》、林壽圖《啓東錄》、姚瑩《康輶紀行》、姚瑩《東槎紀略》、德國步倫芳、美國丁韙良譯《公法會通》、英國麥丁富得力輯、華人鄭昌棪筆述《列國歲計政要》、薛福成《出使英法意比日記》。【德仁謹按：以上總計62種】

26.《海國輿地釋名》十卷，卷首　卷。（1902）

陳士芑纂。

　　（1）上海圖書館藏清光緒二十八年（1902）湘鄉陳氏連道清芬堂刻本五冊（本書採用此版本）。另外，北京大學圖書館也藏有此刻本。

　　（2）北京大學圖書館藏稿本八冊。

　　卷首有光緒二十七年陳士芑《自序》和《引用書目》。該書引用書目245種，舉凡涉及外國地理地名的歷代正史、地理典籍和晚清時期重要的域外地理文獻都在徵引範圍。全書正文總計十卷：卷一，總釋第一、釋亞洲各國第二；卷二，釋歐洲各國第三；卷三，釋非洲各國第四、釋北美洲各國第五、釋南美洲各國第六；卷四，釋亞洲各國屬地第七；卷五，釋歐洲各國屬地第八上；卷六，釋歐洲各國屬地第八下；卷七，釋非洲各國屬地第九、釋北美洲各國屬地第十、釋南美洲各國屬地第十一；卷八，釋東南洋群島第十二、釋太平洋群島第十三、釋大西洋群島第十四、釋印度洋群島第十五、釋南北冰洋島地第十六；卷九，釋五洲諸山第十九、釋亞歐非三洲諸水第二十上；卷十，釋亞歐非三洲諸水第二十下、釋南北美洲及澳大利亞島諸水第二十

一、釋古嘗自立之國第二十二。該書之所以這樣安排卷帙和目次，是作者認為「編次之例與輿地專書微有不同」，因此「首總釋，釋五洲洋海，令覽者知地球大勢也。次亞洲各國，種貴教尊聲，明文物之所從出也。次歐洲各國，強兵力巧藝，冠絕環瀛，為他國所效法也。次非洲各國，受人役屬，罔知自振，可為謀國之高抬貴手也。次南北美洲各國，公天下而不私，彬彬乎有唐虞揖讓之遺風也。次亞洲各國屬地、次歐洲各國屬地、次非洲各國屬地、次南北美洲各國屬地，職方建置之殊，強弱大小之故，不難一覽而知也。次洋海群島，古邦淪於異俗，膴壤變為神皋，知彼族經營遠略之宏且廣也。次五洲山水，恢奧聞資博職也。而終之以古嘗自立之國，世運之隆替，時局之乘除，覽者當興起也。」因為「西書地名本無定音，十人譯之而十異，百人譯之而百異。」即便是公認為名著的《瀛寰志略》，「所載地名，近人頗多議其不合」，更遑論他書了，因此「是編標舉人人習聞之一名以為綱，而分疏異名於下，其為舊書所無者，則擇新譯之可據者標之，不欲立異以炫俗也。」（《自序》）該書既是一部詳明的世界地名大辭典，也是一部內容豐富、體系完整的世界地理著作。

27.《萬國地理新編》二卷（1902 年初刊本）

陳乾生編。光緒 28 年（1902）商務印書館排印本。

28.《傅雲龍別國名歸一表》一卷（1902）

傅雲龍著。國家圖書館藏清光緒 28 年（1902）莆陽晏仲荂朱絲欄抄本 1 冊。

29.《輿地學課程》無卷數（1903 年初刻本）

姚炳奎撰。國家圖書館和北大藏光緒 29 年（1903）湖北經心書院刻本 6 冊。

30.《瀛寰譯音異名記》十二卷（1904 年初刻本）

杜宗預著。上海圖書館和北大圖書館藏清光緒 30 年（1904）武昌刻本 6 冊。此書卷首有楊守敬的《序》以及《凡例》。這是作者廣泛搜錄記載當時出版的地理類著作中的外國地名不同譯語而成的一部著作，然而此書所採錄諸書不僅僅限於當時，很多還上溯到古代著作中的外國地理譯名。如卷一中「多波勒斯克省」條云：「《瀛寰志略》作德波爾斯科。《俄遊彙編》作拖波爾斯克。《胡文忠圖》作托博耳和屯。《括地略》作海波爾斯科，稱西北近烏

拉山。《萬國圖》作託博耳士克。《漢文圖》作拖保耳斯克。《世界地學》作脫母鉢士州。《外國地理》作駝末斯古州，稱有大學校及金坑，城名同，貼近俄比河。」全書共十二卷，卷一包括西比利亞城地所在、西域回部城地所在、高加索城地所在、印度以西回部四國城地所在（阿富汗國、波斯國、備魯支國、阿喇伯國）、東土耳其城地所在、五印度城地所在、藏南印北四小國及錫蘭島城地所在、緬甸城部所在、暹羅城部所在、安南城部所在、南洋島地所在；卷二包括俄羅斯國城地所在、希臘國城地所在、西土耳其國城地所在、奧地利亞城地所在、瑞士國城地所在、意大利國城地所在、德意志合眾國城地所在；卷三包括法蘭西國城地所在、英吉利國城地所在、荷蘭國城地所在、比利時國城地所在、西班牙國城地所在、葡萄牙國城地所在、瑞士國城地所在、挪威國城地所在、嗹國城地所在；卷四非州北土諸國城地所在、非州中土諸國城地所在、非州西土諸國城地所在、非州南土諸國城地所在；卷五包括美洲冰疆島地所在、英屬加拿他城地所在、美利堅合眾國城地所在；卷六包括墨西哥國城地所在、中亞美利加城地所在、南亞美利加國部城地所在、歪阿那城地所在、西印度島地所在；卷七包括澳州城地所在、太平洋島地所在；卷八包括西比利亞山水海地所在、西域回部山水海地所在、高加索山水所在、印度回部四國山水海地所在、東土耳其山水海地所在、印度及藏南印北四小國山水海地所在、緬甸山水海地所在、暹羅山水海地所在、安南山水海地所在、南洋諸山所在、俄羅斯山水海地所在；卷九包括希臘、西土耳其山水海地所在、奧地利亞山水澤地所在、瑞士山水澤地所在、意大利山水海地所在、德意志山水海地所在、法蘭西山水海地所在、英吉利山水海地所在、荷蘭比利時河海所在、西班牙葡萄牙山水海地所在、瑞挪嗹三國山水海地所在；卷十包括非州北土山水海地所在、非州中土河湖所在、非州東土山水海地所在、非州西土山水海地所在、非州南土山水海地所在；卷十一包括北美冰疆及英屬河海所在、坎拿大山水海地所在、美國山水海地所在、墨西哥山水海地所在、中亞美利加山水海地所在、南美科隆比阿三國山水所在、南美巴西及其西南各國山水海地所在、歪阿那三江、西印度島內三山；卷十二包括澳州山水海地所在、太平洋島山水所在。

　　楊守敬《序》曰：「同郡杜君武丞十年前以《文選古字通》餉我，知爲好古之士。又嘗來談班、酈以下地理，娓娓可聽，深服其用力之勤，實吾鄉舊學翹楚。項之，又以《瀛寰譯音異名記》囑余

爲弁言，乃知武丞博涉中外，口不談新學而所迭如此。余維前明陳士元有《諸史譯語》、茅元儀有《華夷譯語》、國朝陸次雲有《八絃譯史》，大抵皆日用飲食之需，未嘗即其國之方隅異同而一一詳著之。今海禁大開，五洲之人麕集於市。於是翻譯各國書者汗牛充棟，然粵人所譯爲粵音，閩人所譯爲閩音。推之齊、楚、晉、豫，莫不皆然。其中差互未盡，可以同聲子母求之者。初學望洋，何遽能知羅馬即大秦、土耳其即突厥乎？而山川之險夷道途之遠近更茫乎其若迷矣。武丞考之於書，徵之於圖，凡輶軒絕代之方言，輕重緩急之口吻，莫不彙集比附，歸之一致。使讀者省翻檢之勞，無佶屈之苦，眞可謂啓鑰治棼之良書也。余常恨自《史》、《漢》以來所載殊域地理，今每不能實指其地。然博訪周諮，未必不可得其崖略。武丞其有意乎？光緒甲辰嘉平月宜都楊守敬序於鄂城菊灣寓廬。」

《瀛寰譯音異名記・凡例》曰：

　　一、是編不錄中土者，人盡宜知，無所謂異同也。日本、高麗用漢文異同絕少，故不載。

　　一、是編上數卷錄國部城地，各島附焉。下數卷錄山水海地，土角附焉（國部城地中間有牽連山水土角處）。令閱者便於檢省。

　　一、是編山水海地有分隸之處，如一阿耳魄士山始見於瑞士，繼見於瑞士，繼見於奧斯馬加，續見於意大利、法蘭西；一來因河始見於瑞士，繼見於德意志，續見於比利時、荷蘭；一黑海始見於高加索，繼見於東西土耳其，續見於俄羅斯之類。

　　一、是編鉤對圖書多至百種，然土音不同，即譯音各異，斷難搜校無漏。故既甄錄異名，尤必詳說地勢，於方位險要、商埠土產及各國領地均綴簡要數語，令閱者按圖鉤索，藉識大概，冀以輔助中小學堂輿地之用。

　　一、是編標首名目不主一書，以譯音隨土音而異，不能執一參乎錯舉，即輾轉鉤貫之意，臚列書圖亦不分先後，因譯者所據之本不能定其孰先孰後也。彼此方位雖同而難確信。其吻合者則設疑詞以待來哲。

　　一、是編採錄圖書多取近代新譯各種晚出多佳，知今尤要故也。

　　一、是編專爲普通地學看圖起見，故小邑小城未及詳考。

一、輿地與史學相關，是編甄錄西史，遇關緊要政務紀述一二語以爲西政初導。

一、省、府、州、縣皆譯者假中國名目以定彼地，又言人人殊，本不足據。是編不專設此等名號，必有確本足證始列下方，其小邑小鎮不能確指者，遵各圖著圈著點例統以城字括之。

一、是編甄採圖說俱通行本，各種名辭定有來歷，茲姑不詳究自出，以歸簡淨。

一、是編引用各圖書，首章列全名，以下多舉一二字括之如《瀛寰志略》但稱《志略》，《製造局大圓球圖》稱《圓球圖》之類。《瀛寰全志》與《地理全志》易相混，是編引《地理全志》舉全名。

一、各國立國始末具有專書，是編但載關係輿地上政治。

31.《五洲地理志略》三十六卷，首一卷（1910）

王先謙撰。國家圖書館、上海圖書館、中國人民大學圖書館、中國科學院圖書館古籍部藏清宣統二年（1910）湖南學務公所刻本12冊，又北京出版社《四庫未收書輯刊》第八輯第4～5冊據清宣統二年（1910）湖南學務公所刻本影印。

王先謙（1842～1917），字益吾，號葵園，湖南長沙人。同治四年進士，歷任翰林院編修、國子監祭酒、江蘇學政等職，賜內閣學士銜。49歲因病告歸故里，潛心學問，閉戶著書。近人徐世昌曾贊道：「同光以還，詞曹著述之富，陶冶之宏，稱葵園，無異詞。」（徐世昌：《葵園學案》，載《清儒學案》卷190，中華書局，2008年版，第7329頁。）治學循乾嘉遺軌，主張義理、考據、辭章三者並重。一生著述1500餘卷，編輯、校勘之書2000餘卷，爲整理古代文化遺產作出重要貢獻。曾匯刻《皇清經解續編》，輯刊《南菁書院叢書》。他在經史子集方面均有撰述，於經學撰有《尚書孔傳參證》、《詩三家義解》、《釋名疏證補》等，而尤長於史學，有《十朝東華錄》、《漢書補注》、《後漢書集解》、《元史拾補》、《蒙古通鑑長編》、《漢事會要》、《鮮虞中山國事表疆域圖說補釋》、《魏書校勘記》等史學著述，還著有《日本源流考》、《外國通鑑考》、《五洲地理志略》等外國史地著述。其中，《五洲地理志略》是王先謙有感於當時的外國地理著作「向來說地，諸家圖志不能兼備」的通病而編纂的一部世界地理著作。該書始撰於光緒三十一年（1905），歷時四年，至宣統元年（1909）成書，次年由湖南學務公所刊行。《五洲地理志略》共三十

六卷，卷首一卷，論述了亞洲、澳洲、非洲、美洲、歐洲等五大洲的 150 多個國家和地區（包括中國在內）的地域分布、政治格局、地理風貌、風土人情，對英、法、美、日、意、俄等強國的地理和政治情況敘述尤詳，突出體現了作者希望國人向西方強國學習而求自強的經世致用治學旨趣。該書取材廣博，舉凡當時有影響的外國史地著作都有採錄，僅卷首臚列的書目就達 96 種之多，確實是一部「薈萃諸書」而自成一家的成功著述。而且該書考疑訂誤，敘述精詳，地名、人名及地理沿革的考釋貫穿全書，俯拾皆是，充分顯示了王先謙深厚的學養和傳統的史學考據功力。

《五洲地理志略‧自序》：

> 五洲環列，人虱其中。飲食衣服，男女同也。其異者，亞洲喜土著而畏遠遊，惟無俚者不然。歐人則行商徙居，莫不意輕數萬里，是故世無歐人必無美、非、澳三洲。無三洲則地球不通。故歐人者，今世界之樞紐也。亞洲，禮儀之邦。中華最古，數千年來聖君賢佐，汲汲孜孜，惟以養民爲務。至於本朝統一胡漢，先衣裳而後兵革，過寇虐而亟安懷，上下一體，中外一視。歐人則所趨在利，所尚在氣。奪人地，夷人國，以殖吾民。而彼民之生計有無弗問也。明明滅人國，美其名曰保護，但斬我武之揚。雖窮兵如拿破崙，伏屍百萬，流血千里，而民無怨毒其上之心，其異趣也。若此人之生也，莫不願似續我人笑語我室而去不反。顧視死如歸者，豈天之降才，固殊哉。蓋西人爲學以象數爲體，工商爲用，軍旅爲輔，其於文字歷史近之矣。百家雜出，各以術鳴。而道之大，原或未之知也，見有君上也俄焉。非其君上也見有子孫也俄焉。若無子孫也，倫紀之愛薄，故鄉土之念輕；仁讓之義微，故爭競之情熾。非詩書不能和柔其血氣，非道德無以澡雪其性天。此蓋俟之千百年後者矣。臣生五洲大通之世，年力衰謝不能周歷山川，開拓胸臆。滋用爲媿泛覽諸志，敘述歧分，譯音互殊，難可推究。爰綜厥綱領，匯爲一編，欲以祛紐弄之迷惑，資方隅之考求，於所不知義從。蓋闕後之君子，幸無執其方聞，笑此穴見也。宣統元年己酉孟夏臣王先謙謹撰。

《五洲地理志略‧例略》

> 中國地理載籍極博，不煩觀縷。茲編遠根《漢志》，上溯《禹貢》。主名近因《明史》兼包元世，路制省網先後依《光緒會典》，

道里遠近及附郭書法依《欽定明史》，地理沿革依《一統志》，新改郡縣亦皆參列。迺來鐵道電線敷設未周，礦產殷闐採掘尚視為末務，海岸曲折，軍港半領於外人，為國者所宜長慮矣。其已見它志者因仍編載，弗敢闕焉。外國地理考證之書日出不窮，已搜採者坿為論說，臚舉於左：

　　《內府圖》、《理藩院則例》、南懷仁《坤輿圖說》、利瑪竇《萬國圖》、艾儒略《職方外記》、英國蘭德士《俄屬遊記》、莊廷尃《地圖》、圖理琛《異域錄》、林則徐譯《俄羅斯國總記》、方式濟《龍沙紀略》、西清《黑龍江外記》（以上何秋濤引）；《泰西新史》、《西洋史要》、《大圓球圖》、《漢文圖》、《平方圖》、《俄羅斯史》、《佛蘭西志》、《英吉利志》（以上杜宗預引）；矢津昌永《高等地理》、野口保興《中外大地志》（以上王達引）；伊東祜谷《萬國年鑑》、阪本健一《地名人名辭典》（以上曹典球引）；五臺徐繼畬《瀛環志略》、英國衣丁堡雷文斯頓《萬國新地志》、英國慕維廉《地理全志》、《五洲列國地圖》、《輿地學會中外全圖》、《亞拉伯志》、《（亞拉伯）新志》、《土耳其志》、《（土耳其）新志》、《波斯志》、《緬甸志》、《英領緬甸志》、《（緬甸）新志》、《暹羅志》、《布哈爾志》、《西比利亞志》、《（西比利亞）新志》、《俾路芝志》、《小亞細亞志》、《阿富汗志》、《（阿富汗）新志》、《土耳其斯丹志》、《印度志》、《（印度）新志》、《開浦殖民地志》、《（開浦殖民地）新志》、《阿達曼群島志》、《（阿達曼群島）新志》（以上學部圖書館印本）；日本樋田保熙《世界地理志》、番禺周起鳳《萬國地理志》（以上並譯日本中村五六纂本）；桐城吳啟孫《世界地理學》、出洋學生編《萬國地理志》（以上並譯矢津昌永著本）；山陰謝洪賚《瀛寰全志》、餘姚王亨統《地理問答》（二譯相近）；日本辻武雄《五大洲志》、日本吉田晉漢譯《世界大地圖》（二譯相近）；日本岸田吟香《萬國輿地分圖》、奉化周世棠等《世界現勢圖》、日本依田雄甫《萬國形勢執掌圖》、《湖北兩湖書院課程》、仁和孫瀨《海國圖志徵實》、上海許彬《五洲圖考》、松滋杜宗預《瀛寰譯音異名記》、日本堀田璋左右《外國地理講義》、英國馬禮遜《外國史略》、英國麥丁力富《歲計政要》、謝衛樓《萬國通鑑》、蔡鈞《出洋瑣記》、黎特《鐵甲叢談》、江寧龔

柴《彈丸小記》、金匱鄒弢《萬國風俗考》、長沙王達《中外地理教科書》、善化談紹衷《普通地理講義》、長沙辜天祐《韓遊日記》、江陰繆祐孫《俄遊彙編》、日本下村修介、加藤稚雄《西比利亞大地志》、光澤何秋濤《朔方備乘》、吳縣洪鈞《使西紀程》、上高黃楙材《西輶日記》、黃楙材《遊歷芻言》、黃楙材《印度箚記》、無錫薛福成《四國日記》、王韜《重訂法國志略》、《十一國遊記》、《新大陸遊記》、江寧李圭《東行日記》、元和顧厚焜《美國地理兵要述略》、茂名陳蘭彬《使美記略》、日本岡本監甫《墨西哥記》、顧厚焜《巴西政治考》、順德譚乾初《古巴雜記》、無名氏《秘魯形勢錄》、英國艾約瑟《冰洋事蹟述略》。右引用書目。

二、亞　洲

（一）跨國地理

32.《亞洲各小國紀略》一卷（1902）

沈林一輯，國家圖書館藏麗澤學會清光緒 28 年（1902）《五洲列國志匯》石印本一卷。本書簡要的介紹了老撾、波斯、阿剌伯三國的歷史沿革、方位所在、人口、物產風俗、宗教信仰、行政建置情況。

（二）朝　鮮

33.《東藩紀要》十二卷，補錄一卷（1882）

薛培榕著。國家圖書館藏清光緒八年（1882）申報館鉛印本四冊。書名頁題朝鮮志，卷首有蔡寵九《東藩紀要說》、光緒八年葛其龍《東藩紀要敘》、光緒八年薛培榕《東藩紀要自敘》及《東藩紀要凡例》。薛培榕於光緒八年（1882）因軍務東渡朝鮮，因言語互異，溝通不能暢達，作者遂究詢朝鮮地理、歷史、軍事、政治、經濟等情況匯爲一編，輯成此書，兼記中朝關係事。該書對朝鮮的地理情況記述尤爲詳細，書中有朝鮮輿地圖、八道分圖、朝鮮王城圖等地圖 10 幅。全書十二卷，各卷篇目如下：卷一建都通考；卷二朝鮮輿地圖、朝鮮輿地說、朝鮮分野；卷三輿地沿江濱海營堡驛路道里說、八道分圖；卷四朝鮮王城圖、王城圖說；卷五八道府州縣距京道里識（附山川、郡名、物產、水陸貢道、水陸路程）；卷六文武京官

及八道守土官職；卷七八道府縣城陣考、八道烽燧；卷八諸道兵艦總數、潮汐、京外水陸騎步各軍、符信；卷九頒祿、章服、度量衡制、戶口、田結、田賦、雜稅、漕運、礦產、錢法；卷十歷年參考；卷十一節錄會通條例；卷十二朝鮮風俗記、通商章程。

34.《朝鮮國志》四卷（1883）

（清）佚名撰。

（1）國家圖書館藏日本明治 16 年（清光緒九年，1883 年）丸善書店東京鉛印本 2 冊，並由（日）關根錄三郎訓點。

（2）國家圖書館藏民國間抄本 1 冊，書名代擬，書衣題協修金編撰，毛裝，書衣題協修金編纂。

（3）北京大學圖書館藏民國二十八年（1939）北京燕京大學圖書館據來薰閣舊抄本傳抄本一冊。

35.《東南三國記》一卷（1891）

江登雲撰。載光緒十七年（1891）上海著易堂鉛印王錫祺輯「小方壺齋輿地叢鈔」本第 10 帙。此書僅有千字左右，短小精悍，主要介紹的是朝鮮、安南和琉球的歷史地理沿革。

36.《高麗論略》一卷（1891）

朱逢甲撰。載光緒十七年（1891）上海著易堂鉛印王錫祺輯「小方壺齋輿地叢鈔」本第 10 帙。此書字數千字左右，但很簡約的敘述了高麗的開國之始和歷史沿革，還敘述了高麗國的行政區劃及其主要的山川河流，對其國的風俗亦要簡要介紹。

37.《朝鮮考略》一卷（1891）

冀柴撰。載光緒十七年（1891）上海著易堂鉛印王錫祺輯「小方壺齋輿地叢鈔」本第 10 帙。此書篇幅也較短，主要介紹了朝鮮的歷史沿革、山脈河流、著名歷史人物及其物產情況。

38.《征撫朝鮮記》一卷（1891）

魏源撰。光緒十七年（1891）上海著易堂鉛印王錫祺輯「小方壺齋輿地叢鈔」本第 10 帙。本書記載了崇德元年，清太宗親征朝鮮的始末，其中兼記了朝鮮的歷史沿革和地理區劃情況。

39.《高麗形勢》一卷（1891）

吳鍾史撰。光緒十七年（1891）上海著易堂鉛印王錫祺輯「小方壺齋輿地叢鈔」本第 10 帙。本書主要簡要的敘述高麗的形勢，書中指出「高麗載亞細亞洲赤道之北，其形如指，凸於海中。以經緯二線衡之，自北赤道經線三十四度至四十三度，緯線自一百二十四度至一百三十一度，地周七千餘里，東西南三面有五千餘里，瀕海為界，土地饒沃，民風樸儉。國中分八道：日京畿道、日咸鏡道、日平安道、日江原道、日黃海道、日忠清道、日慶尚道、日全羅道。」然後，諸道敘述各道四至及其疆域形勝。

40.《朝鮮風土略述》一卷（1891）

吳鍾史撰。光緒十七年（1891）上海著易堂鉛印王錫祺輯「小方壺齋輿地叢鈔」本第 10 帙。本書簡要的敘述了朝鮮的行政建置、人口、物產、風俗、文字等情況。

41.《高麗風俗記》一卷（1891）

闕名撰。光緒十七年（1891）上海著易堂鉛印王錫祺輯「小方壺齋輿地叢鈔」本第 10 帙。該書介紹了高麗人的服飾、飲食、宴客、房屋、冠禮、婚禮、喪禮、宗教等風俗。

42.《朝鮮風俗記》一卷（1891）

薛培榕撰。光緒十七年（1891）上海著易堂鉛印王錫祺輯「小方壺齋輿地叢鈔」本第 10 帙。該書介紹了朝鮮人的衣食起居、語言文字、農桑種植等風俗。書中指出了朝鮮國勢貧弱的原因，即「朝鮮之土壤非不饒沃也，物產非不豐阜也，而其國勢貧弱苶焉不克自振者，以泥古而不知變，為成法所拘，國屍財匱有以也。明臣有言：有貧民無貧地，不因乎地利而善用之，百姓恒有優生之。嗟於是而藉口乎地之瘠，吾恐地不任咎也。」

43.《朝鮮八道紀要》一卷（1891）

薛培榕撰。王錫祺輯《小方壺齋輿地叢鈔》第 10 帙。本書首先較為詳細的介紹了京都漢城的地理情況，接著便以朝鮮所分八道地方行政建置（包括京畿道、咸鏡道、平安道、江原道、黃海道、忠清道、慶尚道、全羅道）為綱，以各道所屬城市為目，逐城敘述各城據京都漢城的道里遠近，及各城的別名、大山、大川和物產情況。

44.《朝鮮風土記》一卷（1891）

闕名撰。王錫祺輯《小方壺齋輿地叢鈔》第 10 帙。本書主要介紹朝鮮的風土人情，如交通工具、宴客禮節、飲食習慣、衣著服飾、家居裝飾、拜賀禮儀、喪葬風俗、刑罰、特產等情況。如朝鮮男子的髮式：「男子生不薙髮，有二十餘即多鬚髯者，有因鬚髯爲累而分作九縷結如三小辮式者，令人忍笑不禁。彼尚以爲美也。」

45.《高麗瑣記》一卷（1891）

闕名撰。光緒十七年（1891）上海著易堂鉛印王錫祺輯「小方壺齋輿地叢鈔」本第 10 帙。本書主要是輯錄了《大清一統志》、《漢書》、《北史》、《太平寰宇記》、《文獻通考》、《宣和奉使高麗圖經》等書關於高麗風俗的記載而成，篇幅很短。

46.《朝鮮輿地說》一卷（1891）

薛培榕撰。光緒十七年（1891）上海著易堂鉛印王錫祺輯「小方壺齋輿地叢鈔」本第 10 帙。簡要介紹朝鮮所分的地方八道的輿地沿革、疆域四至、山川河流及經緯度等地理情況。

47.《朝鮮疆域紀略》一卷（1891）

闕名撰。光緒十七年（1891）上海著易堂鉛印王錫祺輯「小方壺齋輿地叢鈔」本第 10 帙。主要介紹朝鮮八道的疆域形勝，如介紹慶尙道云：「慶尙道在江原道南偏東，有八公山延綿數百里，亂山深澗，危峰疊嶂，目不暇給，如入山陰道中。上有黃池、洛東江發源於此。地氣高寒，又有加耶山石勢如火焰，極高峻、峭壁如削，人不能升。他如紅流洞、毗筆岩、致遠臺、清凉寺皆擅名勝而以海印寺爲諸寺之冠，曾刊大藏經於此寺藏之。」

48.《巨文島形勢》一卷（1891）

闕名撰。光緒十七年（1891）上海著易堂鉛印王錫祺輯「小方壺齋輿地叢鈔」本第 10 帙。

49.《高麗水道考》一卷（1891）

闕名撰。光緒十七年（1891）上海著易堂鉛印王錫祺輯「小方壺齋輿地叢鈔」本第 10 帙。

50.《奧籙朝鮮三種》一冊（1899）

周家祿撰。

（1）上海圖書館藏清光緒 25 年（1899）刻本一冊。

（2）蘇州大學藏上海古籍書店影印清光緒 25 年（1899）刻本。

（3）臺灣文海出版社近代中國史料叢刊第 42 輯 1969 年影印清光緒 25 年（1899）刻本。

周家祿，字彥升，號奧簃，清江蘇海門人。同治九年以優貢官江浦縣訓導。擅詞章，習考據、校勘之學。後入吳長慶幕，隨軍赴朝鮮。有詩集及《朝鮮記事詩》。《奧簃朝鮮三種》，包括《朝鮮世表》、《朝鮮載記備編》、《朝鮮樂府》三種構成。《朝鮮世表》列出了自明太祖洪武二十五年壬申康獻王旦立國之始，迄於光緒二十一年乙未，凡五百零四年，所傳二十世二十六君的世系傳承表。《朝鮮載記備編》分成兩卷，簡要記敘了朝鮮的歷史沿革、政治制度及其地理風土物產等。《朝鮮樂府》前有序，正文分別以昌德宮、長湖村、大院君、南壇山、罪己教、陳情表、仁川口、三軍府、賣國碑、守舊黨為題作樂府詩，並且在每首詩前均有題解。《奧簃朝鮮三種》卷首有吳保初《朝鮮三種序》，曰：「光緒己亥，遇海門周彥升廣文於武昌，出所著《朝鮮三種》見示。保初讀之慨然曰：嗟乎，疆場之事固有難言者乎？壬午之役，王師東征陸讋水慄。當時籍其土地而郡縣之，固自易易，計不出此，乃令孤軍遠戍，饟絀兵單，奸人乘釁。未幾，復有甲申十月之變。又未幾，遵約撤兵，復有甲午之變，則謀國諸臣不能不執其咎矣。何以言之，倭之窺寙朝鮮非一日矣。壬午甲申亂再作，而卒不獲逞。若是者，何哉？壬午則我師先至，甲申則先武壯公移軍旅順，猶留三營鎮漢京，故倭釁之來，皆能迎其機而逆折之。然則倭不利吾軍之駐朝鮮與吾軍駐朝鮮之有關於東方大局昭昭然矣。乃乙酉議約吳續二使臣，貿然徇倭使之請中日各撤朝鮮兵，又申之以有事，遣兵互先諮照之文。夫然後藩籬盡撤，迨甲午事起，倭兵入漢京，中國遂無一將一卒以禦之矣。保初既痛甲午之役，為中外交涉之大變，又竊悲先武壯公累疏請置重兵朝鮮防倭患，言不獲用，齎志以沒而國威亦遂不振，今且遣使議約，儼然敵國矣。讀廣文書追敘往事，相與感慨流涕，爰出貲序而刊之。庶後之覽者有感於斯文也，廬江吳保初。」

（三）越 南

51.《護送越南貢使日記》一卷（1869）

馬先登撰。

（1）北京大學圖書館藏清同治 8 年（1869）大荔馬氏刻本。

（2）北京大學圖書館藏清同治 8 年（1869）關中馬氏敦倫堂。

（3）上海圖書館藏同治八年（1869）敦倫堂刻本一卷一冊。

據學苑出版社《歷代日記叢鈔提要》第 200 頁：「《護送越南貢使日記》，（清）馬先登撰，清同治八年（一八六九）刻本。馬先登（一八〇七～？），陝西大荔人，字伯岸，道光二十七年（一八四七）進士。官河南知府，同治七年（一八六八）越南遣使來向清政府進貢，有禮部侍郎翰林院直學士黎峻、鴻臚寺卿阮思僴等人，「例應揀員護送，時予適以懷慶府解任在省，遂膺是役。」（自序）馬先登擔負護送越南貢使的任務，此日記即是記載此次經歷。據著者自序稱前後共四十五日，但日記中並沒有逐日記錄，只從同治七年（一八六八）五月初九日起，至二十六日止。其內容主要是著者與越南貢使之間的交流，瞭解「彼國之統系嬗代，疆域廣輪，官職沿革，下及風土人情，悉得聞其大略」（自序），另外海錄有與越南貢使之間的詩文酬答等，反映了越南國內政治、經濟等現狀以及文人對漢學掌握程度。同治十一年（一八七二）越使又一次晉京，著者再次擔負護送任務，又著有《再送雲南貢使日記》。這兩部日記都是清人對鄰國越南一次清晰的瞭解和認識，也為後人留下了一份較為客觀的資料。」

52.《再送越南貢使日記》一卷（1872）

馬先登撰。

北京大學圖書館藏清同治 11 年（1872）關中馬氏敦倫堂刻本。據學苑出版社《歷代日記叢鈔提要》第 208 頁：「《再送越南貢使日記》，（清）馬先登撰，清同治十一年（一八七二）刻本。馬先登（一八〇七～？），陝西大荔人，字伯岸，道光二十七年（一八四七）進士。官河南知府，有《勿待軒集》行世。同治七年（一八六八）越南遣使來向清政府進貢，馬先登即擔任護送任務，已著有《護送越南貢使日記》。同治十一年（一八七二）越使又一次晉京，著者再次擔任護送任務，又著有《再送越南貢使日記》。同治八年（一八六九）廣西天地會起義軍吳亞終部在邊境活動，後被清軍圍剿，退入越南境內。越南政府與清軍將領馮子材部合力將起義軍打敗。之後，越南政府再次遣使入京，表示和睦相處之意。馬先登由於之前曾擔任過護送的任務，此次朝廷又派他護送越使。這是這部日記的歷史背景。其時間起自同治十年（一八七一）十二月十六日，至二十九日止。越使有工部右侍郎阮有立、光祿寺

少卿范熙亮、鴻臚寺少卿陳文準等人。日記體例與《護送越南貢使日記》基本相同，有記錄日程內容，也有抄錄與越使書信對答，同時還有雙方的詩文酬答。其涉及的內容不僅是越南的社會風貌、風土物產等，還有關於剿除吳亞終部等政治事件的討論。這些都是清朝與越南外交史上的重要資料。」

53.《越南輯略》二卷（1877）

徐延旭撰。上海圖書館和北京大學藏光緒三年（1877）孟夏梧州郡署刻本二冊。全書共計二卷，卷首作者《自記》。卷一，地圖、世系沿革、歷代年號、國朝貢品、朝儀、賜予、迎送、市易、禁令、道路、越南吞併各國、中外交界各隘卡；卷二，越南古地名、山川、風俗、前朝貢品、古蹟、名宦、人物、文學、土產、雜記。卷首《自計》曰：「同治丁卯賊匪屬聚於太平府屬之龍州上龍上下凍憑上下石各土州，其另股則盤踞養利，歸順各州蔓延於龍英萬乘全茗茗結鎮遠各土州。是年冬，旭奉檄權太平篆務，兼理龍州同知。戊辰抵任，賊竄入越南。越南例貢，因道路梗阻已停四次。是年八月初一日奉旨，准該國入貢。旭代左江道延接，培臣開關驗貢於時率領漢土文武官員同至鎮南關，宿昭德臺，而賊分踞於該國之七溪縣芄葑文淵州、脫朗州、祿岸州一帶，殆不下數萬人，距關十餘里、七八里不等。我協標暨龍州土兵不及二百名。旭自募之親兵亦止六十名，此外則抬貢品之挑夫千餘名而已。官民無不為旭危之者。是日微雨而風，夜甚寒，因令各挑夫均將擔杖栽立於地，焚燒枯草相圍向火，陰雲四布，北風怒號，煙焰大起，其光燭天於火中見所植之挑杖若兵械然。仰叩國家威福，貢品陪臣俱安然入關，賊匪反於是夜退去。庚午又值貢期而大中丞蘇奉廷寄令派員出關刺探密事且繪該國地圖，中丞遂命旭前往，駐於該國諒山省之駏驢庸派人周歷該國境內兩月餘始能得其大略而賊匪即於是時陷該國諒山省。距旭寓所僅隔一河。旭所帶只有半營，而賊匪亦未敢相犯，遂同護貢官接貢，由諒山城下入關。賊無敢阻撓者。次年又因緝拿賊犯蘇國漢，旭復至諒山，統計二次出關，在該國居住八閱月。爰將奉命所查繪之圖及得諸該國臣民之所言以合諸史籍群書之所載編爲輯略，以就正博雅君子。倘後有因事出關者或亦有小助云爾。時光緒三年五月吉日山左徐延旭曉山氏自記於梧州府廨。」

54.《越南地輿圖說》六卷，卷首一卷（1883）

盛慶紱纂輯。

北京大學、復旦大學和蘇州大學藏光緒九年（1883）永新盛氏求忠堂刻

本四冊。

　　據盛慶紱《自序》云，該書撰著緣起於作者「於書肆中得一斷爛冊子，紀越南郡國州縣，山川物產略具，頗與中朝縉紳爵秩書無甚差異。然詳北圻而略於南圻，如最為著稱之農耐柬埔寨港口書中皆不載，嘗以為恨。置高閣久之。」光緒九年，作者「臥病長沙寓邸，日閱《海上報》，見法夷肇釁越南，竟欲乘危侮弱，披而有之。……異日之憂，恐不僅在法夷而在越南矣，其患豈可量乎？」於是作者「發憤幽憂，聊以所聞，參考眾說，輯為是書。……余忖度之他日有起而應越南之求者，於形勢險夷用兵方略，或有取焉。」全書六卷，另卷首一卷。具體說來：卷首，越南全圖；卷一，越南國都省一（承天）、越南左圻省（廣治、廣平）、越南右圻省（廣南、廣義）；卷二，越南北圻上省十（河內、南定、山西、安廣、宣光、興安、北寧、海陽、興化、太原）；卷三，越南北圻下省六（高平、清華、又安、諒山、寧平、河靜）；卷四，越南南圻省十（平定、平和、永陸、邊河、嘉定、富安、平順、定祥、安江、河仙）；卷五，越南世系錄附；卷六，越南道里錄附。尤其值得一提的是，卷首分幅繪製的越南全圖，一共 24 幅。作者一直苦於「安南圖舊書中惟顧氏《方輿記要》一圖頗詳，然係安南圖，非越南圖。湖北書局圖詳於邊而略於內地。《瀛寰志略》、《海國圖志》但存規模而已。近閱各處刊傳圖本，於府縣界限未能明晰，又南圻各處方位亦未盡善，如定祥等處與其國都隔越二三千里，圖內直似毗鄰，此則不能不稍為釐定也」（《越南地輿圖說‧義例》）。作者認為「作圖界限眉目最宜清晰」，因此卷首繪製了《越南全圖》，圖中「凡與他境毗連者，別以全線紋，每省別以竹節紋，每府別以連點。又凡省圍以回或（矩形回字）圍則以口或（矩形口字），縣作○，州作△，其舊鎮所或現係要地有確知其所在者則亦以圓圈圍之以示別也」（《越南地輿圖說‧義例》），是一卷圖例明晰的地圖。正文六卷則對應卷首地圖，論述了越南各地的方位道里所在，自然地理、歷史人文都頗為詳明。而且間或引用一些著名外國地理著作，如《海錄》、《瀛環志略》、《海國聞見錄》等進行地理考釋，增加了著作的學術性。

55.《安南小志》二卷（1883）

方濬益撰。南京圖書館藏清光緒九年（1883）一冊鉛印本。

56.《越南地輿圖說》（1883）

盛慶紱撰。

（1）南京圖書館藏清光緒九年（1883）刻本二冊六卷。

（2）光緒十七年（1891）上海著易堂鉛印王錫祺輯「小方壺齋輿地叢鈔」本第 10 帙本一卷。

57.《安南小志》一卷（1891）

姚文棟撰。光緒十七年（1891）上海著易堂鉛印王錫祺輯「小方壺齋輿地叢鈔」本第 10 帙。

58.《越南考略》一卷（1891）

龔柴撰。光緒十七年（1891）上海著易堂鉛印王錫祺輯「小方壺齋輿地叢鈔」本第 10 帙。

59.《越南世系沿革略》一卷（1891）

徐延旭撰。光緒十七年（1891）上海著易堂鉛印王錫祺輯「小方壺齋輿地叢鈔」本第 10 帙。

60.《越南疆域考》一卷（1891）

魏源撰。光緒十七年（1891）上海著易堂鉛印王錫祺輯「小方壺齋輿地叢鈔」本第 10 帙。

61.《征撫安南記》一卷（1891）

魏源撰。光緒十七年（1891）上海著易堂鉛印王錫祺輯「小方壺齋輿地叢鈔」本第 10 帙。

62.《征安南紀略》一卷（1891）

師範撰。光緒十七年（1891）上海著易堂鉛印王錫祺輯「小方壺齋輿地叢鈔」本第 10 帙。

63.《從征安南記》一卷（1891）

闕名撰。光緒十七年（1891）上海著易堂鉛印王錫祺輯「小方壺齋輿地叢鈔」本第 10 帙。

64.《越南山川略》一卷（1891）

徐延旭撰。光緒十七年（1891）上海著易堂鉛印王錫祺輯「小方壺齋輿地叢鈔」本第 10 帙。

65.《越南道路略》一卷（1891）

徐延旭撰。光緒十七年（1891）上海著易堂鉛印王錫祺輯「小方壺齋輿

地叢鈔」本第 10 帙。

66.《中越交界各隘卡略》一卷（1891）

徐延旭撰。光緒十七年（1891）上海著易堂鉛印王錫祺輯「小方壺齋輿地叢鈔」本第 10 帙。

67.《黑河紀略》一卷（1891）

闕名撰。光緒十七年（1891）上海著易堂鉛印王錫祺輯「小方壺齋輿地叢鈔」本第 10 帙。

68.《金邊國記》一卷（1891）

闕名撰。光緒十七年（1891）上海著易堂鉛印王錫祺輯「小方壺齋輿地叢鈔」本第 10 帙。

69.《越南輿地略》一卷（成書時間不詳）

佚名撰。

（1）北京大學圖書館藏抄本一冊，附《越南道里考》一卷。

（2）上海圖書館藏抄本一冊，附《越南道里考》一卷。

《越南輿地略》分成順化省、廣治省、廣平省、廣南省、廣義省、平定省、富安省、慶和省、嘉定省、定祥省、邊和省、河仙省、安江省、永隆省、河內省、興安省、南定省、山西省、海陽省、廣安省、興化省、宣光省、太原省、高平省、諒山省、清化省、寧平省、乂安省、河靜省等 29 省來考證越南的輿地沿革，有些省份之下還分成幾府來一一考證，相當於一部簡要的越南歷史地名辭典。另外，此書後附《越南道里考》一卷，主要是介紹越南各省府州縣的道路里程，以及某地到某地所需時間等。

（四）琉 球

70.《中山見聞辨異》（1800～1820）

黃景福撰。

（1）南京圖書館藏清嘉慶年間刻本一冊二卷。

（2）光緒十七年（1891）上海著易堂鉛印王錫祺輯「小方壺齋輿地叢鈔」本第 10 帙一卷。

71.《使琉球記》六卷（1802）

李鼎元撰。

（1）北京大學圖書館藏清嘉慶 7 年（1802）師竹齋刻本。

（2）光緒十七年（1891）上海著易堂鉛印王錫祺輯「小方壺齋輿地叢鈔」本第 10 帙。

72.《續琉球國志略》五卷，卷首一卷（1808）

齊鯤、費錫章撰。

（1）北京大學圖書館藏清嘉慶 13 年（1808）武英殿活字本。

（2）上海圖書館藏清嘉慶間木活字本二冊。

全書正文五卷，首一卷，共六卷。卷首主要載錄了嘉慶帝頒賜琉球國的詔書和敕諭，以及琉球國國王請求賜封的《請封表》以及向清廷謝恩的《謝恩表》。卷一至卷五，則分爲表奏、國統、封貢、典禮、學校、政刑、官制、府署、祠廟、風俗、人物、物產、針路、靈跡、藝文等類目介紹了琉球的政治、文化、教育、風俗等情況

73.《續琉球國志略》二卷，卷首一卷（1882）

趙新撰。北京大學圖書館藏清光緒 8 年（1882）黃樓刻本。

74.《琉球說略》一卷（1883）

姚文棟撰。

（1）北京大學圖書館藏清光緒 9 年（1883）《琉球地理小志》刻本一冊，後附《琉球說略》。《琉球地理小志》後附：琉球立國始末、琉球形勢大略、沖繩島總論、琉球新志自序、沖繩志後序。

（2）光緒十七年（1891）上海著易堂鉛印王錫祺輯「小方壺齋輿地叢鈔」本第 10 帙。

75.《琉球實錄》一卷（1891）

錢□撰。光緒十七年（1891）上海著易堂鉛印王錫祺輯「小方壺齋輿地叢鈔」本第 10 帙。

（五）日　本

76.《日本環海險要圖志》二十卷（1851～1911）

王肇鋐撰。國家圖書館藏清末（1851～1911）烏絲欄抄本 10 冊（存 1～10 卷），卷首有《凡例》。全書二十卷，各卷內容及目次如下：卷一北太平洋海流圖、北太平洋風圖、日本近海海風圖、日本全國海岸總圖、日本中土四

國九州總圖、日本環海全岸形勢天時風信潮流海流經緯度航海法志；卷二九州總圖、長門海峽至平戶海峽總圖、呼子港分圖、伊萬里灣分圖、壹岐島分圖。嚴原港及阿須港分圖、竹數港分圖、綱代灣分圖、九州北西海岸志；卷三唐津至長崎（包壹岐島、五島）總圖（奈摩、奈留、若松、大串各附圖）、五島鯛之浦分圖、五島若松浦分圖、長崎港分圖、九州西海岸志；卷四天草列島及八代灣總圖、天草富岡灣、口之津灣分圖、三角港分圖、牛深港及近海分圖、中川原及中甑浦片浦灣、泊浦各分圖、山川港分圖、薩隅內海分圖、九州南西海岸志；卷五油津及外浦分圖、細島港分圖、自細島港至鶴見崎總圖、豬之串港米水津嶴各分圖、九州南東海岸志；卷六豐後水道總圖、佐伯灣分圖、佐賀關分圖、八幡濱港分圖、寧和港分圖、豐後水道志；卷七四自高茂崎至下田總圖（安滿地、清水、古滿目各附圖）、須崎港及野見港分圖、浦戶港及高知近海分圖、四國南海岸志；卷八自鳴門水道至室戶崎總圖（小松島泊地、椿泊浦附圖）、橘浦分圖、鳴門航門分圖、紀川口分圖、大崎灣分圖、由良灣分圖、紀伊水道志；卷九自和泉港至東京海灣總圖、自田邊至尾鷲總圖、大島港浦神港尾鷲灣各分圖、伊勢海及三河灣總圖、濱島及五箇所港分圖、的矢港分圖、三河灣總圖、清水港分圖、江之浦灣分圖、戶田港分圖、田子及安良利嶴分圖、妻良子浦良澳分圖、中土南海岸志；卷十下田港及近海分圖、綱代港及近海分圖、江之島錨地分圖、小多和及小綱代港分圖、東京海灣總圖、金田灣總圖、浦賀港分圖、橫濱港分圖、品川灣分圖、勝浦灣犬吠灣分圖、中土南東海岸志；卷十一……；……卷二十琉球群島總圖、運天嶴分圖、那霸港分圖、慶良間海峽分圖、先島群島總圖、狩股錨地分圖、石垣島石垣泊地分圖、琉球國志。

77.《日本地理兵要》10 卷（1884）

姚文棟撰。

（1）上海圖書館藏光緒 10 年（1884）總理衙門鉛印本 8 冊，各冊分別以乾、坎、艮、震、巽、離、坤、兌為標識（本書採用版本）。

（2）國家圖書館和北京大學圖書館藏清光緒 10 年（1884）北京同文館鉛印本。

（3）復旦大學藏光緒中同文館鉛印本八冊。

據本書《例言》可知，「茲編係取（日本）陸軍省軍人所誦習之《兵要地理小志》照譯漢文，旁搜近人航海記載」和相關文獻彙編而成，具有明確軍

事防禦思想。書中指出「日本海陸軍人咸誦習內務省所頒之《清國地理兵要地理志》一書，吾地情形彼軍人故講之有素矣。」著者懇求清政府將《日本地理兵要》「印給外海水師各營，令其捐明梗概」、「以備緩急之用」，著者姚文棟字子梁，上海人，光緒七年（1881）起隨第二屆駐日公使黎庶昌赴日，並在第三屆公使徐承祖任上繼續留任，駐日長達五年。該書是在黎庶昌任上所撰，當時日本出兵臺灣（同治十三年，1874），吞併琉球（光緒五年，1879），中日關係開始走向對抗，因此著者在本書例言中提出了多種攻日的方案，「意欲借彼先導爲吾指南，……，以備異時緩急之用」，時代氣氛，呼之欲出。

該書內容，卷一，疆域、建置、山川、沿海、氣候、風俗、歷史、政體、戶口、兵制，總論日本的政治、歷史、人文、地理概況；卷二，東海道；卷三，內畿；卷四，東山道；卷五，北陸道；卷六，山陰道；卷七，山陽道；卷八，南海道；卷九，西海道；卷十，北海道。卷二至卷十即分道敘述了日本的自然地理和歷史沿革。

78.《東槎聞見錄》四卷（1887）

陳家麟著。

（1）國家圖書館藏清光緒間（1875～1908）鉛印本一冊四冊四卷。

（2）上海圖書館藏清光緒十三年（1887）鉛印本四冊。

陳家麟，南京六合人。《東槎聞見錄》全書分四卷，卷首還有《總論》。該書始撰於光緒十二年十二月，成於光緒十三年九月。全書取材廣泛，乃是採譯《日本地志提要》、《日本帝國形勢總覽》、《大日本史》等幾十種日本人著述而成，內容函蓋豐富，可謂是一部簡明的日本百科全書。書中語言文字簡練，記述日本地理、歷史、人文風俗均很準確。如記載日本的疆域形勢：「四面皆海，其西北對朝鮮日日本海，有樺太島。在其北過尼哥勞斯海峽直接俄羅斯東境之千島。其北群島斷續亦連俄屬之堪察加地方，東南則浩瀚無際日太平洋，西南即對琉球及我國臺灣諸島，其西海中平列三大島。」「地形修長，……」該書類目劃分十分詳細，具體說來，包括：卷一，經緯、曆算、氣候、時刻、疆域、形勢、山川、田地、建置、都會、戶口、社寺、車船、橋樑、物產、名勝、古蹟、官署考；卷二，帝統、諸侯世系、政治、官制、刑罰、學校、文字、書籍、逸書、史家、古文家、詩家、畫家、醫家；卷三，錢幣、國債、賦稅、銀行、礦山、兵制、炮臺、臺標、製造（機器附）、鐵道、郵便、通商；卷四，姓氏、時令、風俗、宮室、街市、飲食、服飾、

婚姻、喪葬、人物、藝事、流寓（僧附）、遊覽、雜載。卷首有傅雲龍《東槎聞見錄敘》、顧厚焜《敘》、陳明遠《敘》、徐致遠《敘》。

傅雲龍《東槎聞見錄敘》：

> 「光緒疆圉大淵，獻皇帝御宇十有三年，雲龍應遊歷，試引見後派偕顧刑部厚焜，遊歷之國凡六，而以日本始。擬仿《奉使高麗圖經》作《遊歷某國圖經》，史家紀事體也。再依編年體作《圖經餘記》，然聞黃君遵憲已著志而未見也。道出上海姚君文棟，視所著志第三冊艘發，又未遑讀徐君承禮，王君肇鈜，皆有著稿，或未脫，或未竟，而陳子軼士以《東槎聞見錄》問敘於雲龍，方受讀，客有言於雲龍曰：有形勢，無沿革；有官礦，無民礦。類此毋乃漏歟？曰：否，否！不聞不見，則不一錄此漢學家實事求是意也。黃漱蘭先生為軼士經師，守厥家法，此見一端時也。日本一以西法為宗，幾於盡棄所學，或評」六經為毒籲？甚矣！而守舊者又拘義牽文，往往不識時務，非徇即迂，迂則動輒得咎，徇則中無所主，獨日本云乎哉？軼士不倚不矯，充其所學，精而益精，行將以經為史，以交為防，以閱歷消息為控縱衡尺，所謂通儒，非歟！雲龍始遊，不患無見無聞，患無定識，以見所見聞所聞也。文不必己出，惟其是軼士其交勖之哉？德清傅雲龍懋元敘於日本東京史館，時冬十月二十日。

顧厚焜《敘》：

> 「我朝與泰西通商以來，周有內外，悉主悉臣，實開千古未有之局。至同在亞細亞之日本，則兩漢時已通中國。皇朝龍興遼瀋，德威先懾暘谷。扶桑三島，睦鄰修好歷有年所。近復款關求市，合約迭修，商舶絡繹。朝廷以國隸同洲，書屬同文，雖間齟齬，恒優容之而閩廣商賈設肆於長崎、神戶、大阪、橫濱，駐地箱館、新瀉、夷港者接踵麇至，乃簡使臣、派參贊隨員，以聯邦交復，設理事以衛商務，與泰西一視同仁。誠以柔遠必以能邇始也。顧入境必思問禁，入國必先問俗。苟無專書似紀之，則天時地利之宜，風土人情之異，與夫古今之沿革、時局之變遷，無從了如執掌也。六合陳君軼士駐東三年，漁獵典籍，成《東槎聞見錄》四卷，分六十部，都為一集。始光緒十二年十二月，訖十三年九月，凡十閱月而書成，藏諸篋笥。星使徐孫麒觀察屬以活字版排印，俾欲先睹為快者，免

抄胥勞適傳懋元駕部偕焜奉派遊歷航海來東，得觀是著，往者閱五臺徐松龕《瀛環志略》、侯官林文忠《海國圖志》皆能舉外邦土俗核精詳，足爲來風者之一助，今喜彼書，提其綱，君書更詳其目也。時懋元撰《遊歷日本圖經》，焜亦作《日本內政考》、《新政考》，畫疲車馬夕對簡編方皇皇乎，懼考據之失實也。讀君書益滋恧而已。光緒十三年歲次丁亥冬十月元和顧厚焜謹敍。」

《東槎聞見錄・凡例》

是編分爲四卷，始於光緒十二年十二月至十三年九月告成：

一、是編採譯《日本地志提要》、《大八洲記》、《山川疆域考》、《畿內志》、《日本帝國形勢總覽》、《車船表》、《物產志》各名所圖繪牌銘遊記官署考、日本御系圖、各將軍家譜、日本政紀職官錄、刑罰一覽志、日本文粹、國史記事本末、經籍訪古志、圖書館目錄、大日本史、各家文集、詩集、皇國名醫傳、貨幣沿革考、賦稅全書、銀行條例、各礦山出入表、日本海陸兵制、萬國兵制燈檯表、鐵道章程、電線公報、譯遞法令類聚、通商稅則、姓氏錄、各道風土記、偉人傳、事實文編、先哲叢談、瓊浦通《長崎古今集覽》、《長崎聞見錄》、《海外異傳》、《臺灣紀事》、《朱舜水文集》、《元元唱和集》、《張斐筆談》、《先民傳》、《耆舊得聞華夷變態歸化僧傳》諸書。

一、帝統一門，係從《日本御系圖》照錄，其稱謂故仍從其舊。

一、地名、人名多有杜造之字爲中國字典所未載者，今悉仍之以見一方風氣。

一、日本一里計中國六里八零，其里法六尺爲間，六十間爲町，三十六町爲里。

一、日本一貫計中國百兩一，一匁計中國一錢。

一、是編有已見他人日記及著述者則附注於下，籍以徵信不敢掠人之美。

一、是編均就聞見者列入，其未經聞見，僅憑臆度者一概不錄。

一、凡關兩國交涉事件者，一概不錄。

79.《遊歷日本圖經》三十卷（1889）

傅雲龍著。上海圖書館藏清光緒十五年（1889）德清傅氏日本銅、鋁、石版合印本十六冊。上海古籍出版社 2002 年《晚清東遊日記彙編・遊歷日本

圖經》影印本，據光緒十五年夏六月日本印本影印（本書提要採用此版本），卷首有光緒十五年俞樾敍、袁昶敍及光緒十四年黎庶昌敍。卷末有光緒十五年黎庶昌識語。

　　傅雲龍（1840～1901），浙江德清人，初名雲酆，字懋元，號醒夫，室名有籑喜廬、不易介齋、味腴山館等。出身於一個地方小吏家庭，自幼熟讀經史，喜愛地理學、金石學和兵學。同治七年（1868），以浙江監生身份，遵籌餉例捐了一個京官郎中，抽籤分到兵部。次年 5 月到北京，在兵部武選司兼車駕司「行走」。其後，又多次應舉試不第。同治十一年（1872），由兵部保薦獲候補知府官銜，此後一直擔任了十幾年的兵部候補郎中。光緒十三年閏四月二十一日至二十二日（1887 年 6 月 12 日至 13 日），傅雲龍參加了清朝政府第一次在同文館大廳舉行的選拔海外遊歷使的考試，考取第一名，並被光緒帝欽定派往日本和南北美洲六國遊歷。光緒十三年九月十二日《申報》公布了考試錄取人員名單，包括傅雲龍、繆祐孫、顧厚焜、劉啓彤、程紹祖、李秉瑞、李�福、孔昭乾、陳爔唐、洪勳、徐宗培、金鵬 12 人，傅雲龍的試卷《記明代以來與西洋各國交涉大略》也被刊登在《申報》同日頭版。傅雲龍 1887 年 10 月 2 日（光緒十三年八月十六日，以下陰曆從略）從北京起程，先到天津和上海考察一些洋務企業，收集資料，聘雇翻譯僕役，作出國準備。11 月 12 日從上海出發，前往日本遊歷考察。6 個月後，乘船橫渡太平洋，於 1888 年 6 月 14 日抵達美國西海岸三藩市，隨後橫穿美國抵華盛頓，9 月下旬自美國東北部乘火車到加拿大蒙特利爾和首都渥太華等地短期遊歷。然後再折回美國，再從佛羅里達州乘船去古巴。1889 年 1 月乘船經加勒比海的海地、多明尼加和中南美洲的哥倫比亞、巴拿馬、厄瓜多爾，1 月 15 日抵達秘魯首都利馬。在秘魯遊歷後，繞道智利、阿根廷、烏拉圭，3 月 7 日到達巴西首都里約熱內盧。遊歷巴西之後，經西印度群島又於 4 月 19 日返回美國紐約，對美國作第三度考察，坐火車橫穿美國到西部三藩市。5 月 11 日離美乘輪船西行，再次橫渡太平洋到日本，又作了 5 個月考察後才乘船於 1889 年 10 月 21 日回到上海。11 月 11 日回北京銷差。據傅雲龍自己統計，總共日程為 26 個月，770 天，總行程為 120844 華里（60422 公里），其中海路 81549 華里（40774 公里），陸路 38264 華里（19132 公里）。傅雲龍一行重點遊歷了上諭指定的日本、美國、加拿大、古巴、秘魯、巴西六國，並順途考察了哥倫比亞、巴拿馬、智利、阿根廷、烏拉圭等 5 國，往返共經 11 國。傅雲龍在

遊歷各國的過程中，一邊進行繁忙的調查考察、文化交流活動，一方面爭分奪秒地撰寫調查報告和寫作遊記、紀遊詩。傅雲龍寫作的調查研究著作和遊記、紀遊詩達 110 卷之多，大致可以分作三類。第一類是對外國的調查研究著作，傅雲龍稱之爲《遊歷圖經》的六種著作共 86 卷，包括《遊歷日本圖經》30 卷、《遊歷美利加圖經》32 卷、《遊歷英屬地迦納大圖經》8 卷、《遊歷古巴圖經》2 卷、《遊歷秘魯圖經》4 卷、《遊歷巴西圖經》10 卷；第二類是海外遊歷日記，傅雲龍稱之爲《遊歷圖經餘紀》，共 15 卷；第三類是海外紀遊詩，包括《遊古巴詩董》1 卷、《遊秘魯詩鑒》1 卷、《遊巴西詩志》1 卷、《遊日本詩變》4 卷、《遊美利加詩權》1 卷、《遊迦納大詩隅》1 卷共 6 種 9 卷，總編爲《不易介集詩稿》（據王曉秋、楊紀國著《晚清中國人走向世界的一次盛舉——一八八七年海外遊歷使研究》第 46～48 頁，遼寧師範大學出版社 2004 年版）。

　　《遊歷日本圖經》全書共三十卷，分爲天文、地理、河渠、國記、風俗、食貨、考工、兵制、職官、外交、政事、文學、藝文、金石、文徵等 15 類，其下又細分爲 183 個子目，約 40 多萬字。該書採用了中國傳統史地書籍中圖經的體裁，以地圖、表格爲主體，輔之以簡要的文字敘述，圖文並茂是該書的主要特徵。如地理類包括計里總圖、府縣廳分圖、疆域、四至八道表、沿革表、府縣分疆表、郡村繫國表、疆域險要、海道險要、港灣測深表、燈檯表、晝標表、民設舊燈檯諸標表、暴風信號標表、國都表、宮室表、官署表、城市、府縣廳至東京里表、府縣廳孔道支道表、北海道關路表、商港繫年表、中外名港里表、聯約國里表、島表、山表、火山表等 28 個子目，詳細的繪製和敘述日本的地理情況。「關於日本地理的介紹是《遊歷日本圖經》最出色的部分。……他精心繪製了 47 幅銅板日本地圖，在總圖上還用紅色單雙線標出電線和鐵道線，並詳注沿海暗礁和險灘，其詳細和精確程度不僅遠遠超過了其他中國人研究日本的著作的附圖，甚至還勝過某些日本人自己繪製的地圖。」在疆域一目中，「對日本的地理形勢作了極其生動的描述，對每個地區都有形象的比喻，如武藏如木葉，安房如鴨喙，伊豆如巨簏，甲斐如瓜，薩摩如蝦，陸中如牛首，越後如蝙蝠等等。而整個日本列島則像一條蛟龍。」（王曉秋、楊紀國著《晚清中國人走向世界的一次盛舉——一八八七年海外遊歷使研究》第 71～72 頁，遼寧師範大學出版社 2004 年版）傅雲龍的《遊歷日本圖經》對日本的地理、歷史、政治、軍事、語言文字以及中日關係都有條分縷析的介紹，內容豐富，而且寫作態度嚴肅認眞，實事求是，堪稱晚清中國人日本研究的一部力作，

具有很高的學術價值。因此，當時的駐日公使黎庶昌在該書卷末題議中讚歎說：「余雖不敢謂東倭事蹟遂已囊括無遺，而鉅細精粗條理燦秩，亦極著書之能矣！」需要指出的是，《遊歷日本圖經》刊印於 1889 年，比黃遵憲的《日本國志》的正式刊印早了 6 年。雖然該書史學價值和思想水準總體比不上《日本國志》但其所收資料比《日本國志》新，在日本地理、金石、藝文、語言等部分內容還勝過《日本國志》。

80.《日本國志》四十卷，卷首一卷（1890）

黃遵憲撰。國家圖書館與北京大學圖書館藏清光緒十六年（1890）羊城富文齋刻本。卷首有黃遵憲自序和《凡例》。

黃遵憲（1848～1905），廣東嘉應州（今廣東梅州市）人。字公度，別號人境廬主人。光緒二年（1876）鄉試中舉。光緒三年（1877）任中國駐日本使館參贊東渡日本，居留近 5 年。光緒八年（1882）調任駐美國三藩市總領事，後又任駐新加坡總領事。甲午戰爭後，參與創辦《時務報》；任湖南長寶鹽法道，協助湖南巡撫陳寶箴推行新政。戊戌政變後遭罷黜。詩作甚富，多反映近代中國的重大歷史事件，被稱為「詩史」。著作有《日本國志》、《日本雜事詩》和《人境廬詩草》等。

《日本國志》始撰於光緒五年（1879）年黃遵憲擔任駐日使館參贊任上，撰成於光緒十三年（1887），前後歷時八年。《日本國志》的撰著體例採用了中國傳統史學中「志」的形式，故名《日本國志》。全書 40 卷，分為 12 志，包括《國統志》3 卷、《鄰交志》5 卷、《天文志》1 卷、《地理志》3 卷、《職官志》2 卷、《食貨志》6 卷、《兵志》6 卷、《刑法志》5 卷、《學術志》2 卷、《禮俗志》4 卷、《物產志》2 卷、《工藝志》1 卷。同時，他還廣泛運用史表，如卷首有《中東年表》，係中日紀年對照表，以便於讀者互相對照；在各志所附的表中，使用了很多調查研究得到的材料，還採用了日本政府各地方、各機關發布的公報、法令及統計數字，為中國人瞭解和研究日本提供了豐富、具體、可靠的數位。

《日本國志》問世後，產生了廣泛的社會影響，對戊戌變法的影響頗大，當時的許多思想家和學者對此書極為推崇。薛福成為之作《序》，云：「此奇作也，數百年來鮮有為之者！」梁啟超後來為之作《後序》，有云：「以吾所讀《日本國志》者，其於日本之政事、人民、土地及維新變政之由，若入其閫閾而數米鹽，別黑白而誦昭穆也。其言十年以前之言也，其於今日之事，

若燭照而數計也。又寧惟今日之事而已，後之視今，猶今之視昔，顧犬補牢，未爲遲矣！」唐才常認爲近代中國所撰外國史志，當推《日本國志》爲第一。湖南時務學堂把它定位必讀書，康有爲爲了推動戊戌變法曾據之編撰《日本變政考》，進呈光緒帝。對照戊戌變法時光緒帝所頒布的詔令與革新措施，很多與《日本國志》中記載的明治新政如出一轍。由此可見，《日本國志》不僅爲中國的維新運動作了輿論上的準備，而且直接爲戊戌變法提供了借鑒。

黃遵憲《日本國志自敘》日：

「《周禮》小行人之職：『使適四方』，以『其萬民之屬害爲一書，禮俗、政事、教治、刑禁之逆順爲一書』，『以反命於王』。其《春官》之外史氏，則掌四方之志。鄭氏日：謂若晉之《乘》、楚之《檮杌》是也。古昔盛時，已遣輶軒使者於四方，採其歌謠，詢其風俗。又命小行人編之爲書，俾外史氏掌之，所以重邦交、考國俗者，若此其周詳鄭重也。自封建廢而爲郡縣，中國歸於一統，不復修遣使列邦之禮。若漢之匈奴、唐之回紇，國有大事，間一遣使。若南北朝，若遼、宋、金、元，雖歲時通好，亦不過一聘問，一宴饗而已。道、咸以來，海禁大開，舉從古絕域不通之國，皆鱗集麇聚，重譯而至。泰四通例，各遣國使互駐都會，一固鄰好而覘國政。內外大臣，迭援是以爲請。朝廷因遣使巡視諸國，至今上光緒元、二年間，遂有遣使駐紮之舉。丙子之秋，翰林侍講何公實膺出使日本大臣之任，奏以遵憲充參贊官。憲伏自念今之參贊官，即古之小行人，外史氏之職也。使者捧龍節，乘駟馬，馳驅鞅掌，王事靡監，蓋有所不暇於文字之末。若爲之僚屬者，又不從事於采風問俗，何以副朝廷諮諏詢謀之意？既居東二年，稍稍習其文，讀其書，與其士大夫交遊，遂發凡氣例，創爲《日本國志》一書。朝夕編輯，甫創稿本，覆奏命充美國總領事官，政務靡密，無暇卒業，蓋幾幾乎中輟矣。乙酉之秋，由美回華，星使鄭公既解任，繼之者張公，仍促余往，而兩廣制府張公，又命遵憲爲巡察南洋諸島之行。遵憲念是書棄置可惜，均謝不往。家居有暇，乃閉門發篋，重事編纂。又幾閱兩載，而後書成，凡爲類十二，爲卷四十。昔契丹主有言：我於宋國之事，纖悉皆知，而宋人視我國事，如隔十重雲霧。以余觀日本士夫，類

能讀中國之書，考中國之事。而中國士夫，好談古義，足已自封，於外事不屑措意。無論泰西，即日本於我，僅隔一衣帶水，擊柝相聞，朝發可以夕至，亦視之若海外三神山，可望而不可即；若鄒衍之談九州，一似六合之外，荒誕不足論議也者，可不謂狹隘歟？雖然，士大夫足跡不至其地，歷世紀載又不詳其事，安所憑藉以爲考證之資，其狹隘也，亦無足怪也！竊不自揆，勒爲一書。以其體近於史志，輒自稱爲外史氏，亦以外史氏職在收掌，不敢居述作之名也。抑考外史氏掌五帝三王之書，掌四方之志，今之士夫，亦思古人學問，考古即所以通今，兩不偏廢如此乎。書既成，謹誌其緣起，並以質之當世士夫之留心時務者。光緒十三年夏五月，黃遵憲公度自敍。」

81.《東洋記》一卷（1891）

陳倫炯撰。光緒十七年（1891）上海著易堂鉛印王錫祺輯「小方壺齋輿地叢鈔」本第10帙。

82.《日本考略》一卷（1891）

龔柴撰。光緒十七年（1891）上海著易堂鉛印王錫祺輯「小方壺齋輿地叢鈔」本第10帙。

83.《日本疆域險要》一卷（1891）

傅雲龍撰。光緒十七年（1891）上海著易堂鉛印王錫祺輯「小方壺齋輿地叢鈔」本第10帙。

84.《日本河渠志》一卷（1891）

傅雲龍撰。光緒十七年（1891）上海著易堂鉛印王錫祺輯「小方壺齋輿地叢鈔」本第10帙。

85.《日本山表說》一卷（1891）

傅雲龍撰。光緒十七年（1891）上海著易堂鉛印王錫祺輯「小方壺齋輿地叢鈔」本第10帙。

86.《對馬島考》一卷（1897）

顧厚焜撰。光緒二十三年（1897）上海著易堂鉛印「小方壺齋輿地叢鈔再補編」第10帙本。

87.《東倭考》一卷（1897）

金安清撰。光緒二十三年（1897）上海著易堂鉛印「小方壺齋輿地叢鈔再補編」第 10 帙本。

另外，南京圖書館藏《東倭表》附《東倭考》刻本一冊不分卷，刊刻時間不明，作者不明，是否與本書是同一本書，待查。

（六）印度、巴基斯坦

88.《西輶日記》一卷（1875～1908）

黃楙材撰。

（1）北京大學圖書館藏清光緒（1875～1908）得一齋黃氏刻本

（2）北京大學圖書館藏清光緒 12 年（1886）夢花軒刻本。

（3）光緒十七年（1891）上海著易堂鉛印王錫祺輯「小方壺齋輿地叢鈔」本第 10 帙。

89.《遊歷芻言》一卷（1886）

黃楙材撰。

（1）北京大學圖書館藏清光緒 12 年（1886）夢花軒刻本。

（2）光緒十七年（1891）上海著易堂鉛印王錫祺輯「小方壺齋輿地叢鈔」本第 10 帙。

90.《印度劄記》一卷（約 1886）

黃楙材撰。

（1）南京圖書館藏清刻本一冊。

（2）南京圖書館藏清刻本一冊。

（3）光緒十七年（1891）上海著易堂鉛印王錫祺輯「小方壺齋輿地叢鈔」本第 10 帙。

91.《印度考略》一卷（1891）

龔柴撰。光緒十七年（1891）上海著易堂鉛印王錫祺輯「小方壺齋輿地叢鈔」本第 10 帙。

92.《五印度論》一卷（1891）

徐繼畬撰。光緒十七年（1891）上海著易堂鉛印王錫祺輯「小方壺齋輿地叢鈔」本第 10 帙。

93.《俾路芝考略》一卷（1891）

龔柴撰。光緒十七年（1891）上海著易堂鉛印王錫祺輯「小方壺齋輿地叢鈔」本第 10 帙。

94.《俾路芝沿革考》一卷（1894）

李光廷著。光緒二十年（1894）上海著易堂鉛印「小方壺齋輿地叢鈔再補編」本第 10 帙本。不分卷，篇幅很短，千字左右，記載了俾路芝（巴基斯坦）的歷史沿革和方位所在、道路里程、主要的河流。該書以文獻考證見長，徵引了辯機《西域記》、《唐書·西域傳》、《唐書·地理志》、《元史·郭侃傳》、黃省曾《西洋朝貢典錄》、等文獻。

95.《北印度以外疆域考》一卷（1897）

魏源撰。光緒二十三年（1897）上海著易堂鉛印「小方壺齋輿地叢鈔再補編」本第 10 帙本。

（七）緬　甸

96.《征緬紀略》一卷（1808）

王昶撰。

（1）北京大學圖書館藏清嘉慶 13 年（1808）刻本。

（2）光緒十七年（1891）上海著易堂鉛印王錫祺輯「小方壺齋輿地叢鈔」本第 10 帙。

97.《征緬紀聞》一卷（1808）

王昶撰。

（1）北京大學圖書館藏清嘉慶 13 年（1808）刻本。

（2）光緒十七年（1891）上海著易堂鉛印王錫祺輯「小方壺齋輿地叢鈔」本第 10 帙。

98.《騰龍永順普思緬甸沿邊道里考》一卷（1886）

吳其楨編。上海圖書館藏光緒十二年（1886）刻本。此書實際上有《永昌順寧普洱三府沿邊道里考》、《神護關通猛道里考》、《蠻允三路至蠻募道里考》、《隴川至新街道里考》、《三關至阿瓦道里考》、《思茅邊隘道里考》、《三江源流考》、《緬甸道里考》、《木邦說》等幾部分構成，有地圖《騰龍永順思沿邊圖》和《緬甸輿圖》兩幅。此書較為詳細的敘述了中國西南沿邊永昌、

順寧、普洱等地的道路里程。而且特別詳細的介紹了緬甸的歷史沿革、道路里程等主要的歷史地理情況。全書圖文並茂，可以相互參證。

99.《緬甸考略》一卷（1891）

龔柴撰。光緒十七年（1891）上海著易堂鉛印王錫祺輯「小方壺齋輿地叢鈔」本第 10 帙。

100.《征緬甸記》一卷（1891）

魏源撰。光緒十七年（1891）上海著易堂鉛印王錫祺輯「小方壺齋輿地叢鈔」本第 10 帙。

101.《緬事述略》一卷（1891）

師範撰。光緒十七年（1891）上海著易堂鉛印王錫祺輯「小方壺齋輿地叢鈔」本第 10 帙。

102.《緬甸瑣記》一卷（1891）

傅顯撰。光緒十七年（1891）上海著易堂鉛印王錫祺輯「小方壺齋輿地叢鈔」本第 10 帙。

103.《入緬路程》一卷（1891）

師範撰。光緒十七年（1891）上海著易堂鉛印王錫祺輯「小方壺齋輿地叢鈔」本第 10 帙。

104.《緬藩新紀》一卷（1891）

闕名撰。光緒十七年（1891）上海著易堂鉛印王錫祺輯「小方壺齋輿地叢鈔」本第 10 帙。

105.《緬甸圖說》一卷（1897）

吳其禎撰。光緒二十三年（1897）上海著易堂鉛印「小方壺齋輿地叢鈔再補編」本第 10 帙。

（八）泰　國

106.《暹羅考》一卷（1891）

闕名撰。光緒十七年（1891）上海著易堂鉛印王錫祺輯「小方壺齋輿地叢鈔」本第 10 帙。

107.《暹羅考略》一卷（1891）

龔柴撰。光緒十七年（1891）上海著易堂鉛印王錫祺輯「小方壺齋輿地
叢鈔」本第 10 帙。

108.《暹羅別記》一卷（1891）

季麒光撰。光緒十七年（1891）上海著易堂鉛印王錫祺輯「小方壺齋輿
地叢鈔」本第 10 帙。

109.《暹羅政要》一卷（1891）

鄭昌棪撰。光緒十七年（1891）上海著易堂鉛印王錫祺輯「小方壺齋輿
地叢鈔」本第 10 帙。

110.《暹羅近事末議》一卷（1891）

王錫祺撰。光緒二十三年（1897）上海著易堂鉛印「小方壺齋輿地叢鈔
再補編」第 10 帙本。

（九）菲律賓

111.《呂宋紀略》一卷（1826）

葉羌鏞撰。葉羌鏞，字霞川。上海圖書館藏道光六年（1826）春敦厚堂
刻本一冊。卷首有潘凱序，卷末有施彥士《跋》。該書簡述了呂宋的地理、氣
候、物產、宗教、語言、風俗等狀況。書中還有《蘇祿紀略》一篇文字。書
末附錄有施彥士摘錄的《東洋列國考》、《廣東通志》、《海國聞見錄》等有關
呂宋的文字記載。

潘凱《序》曰：「庚辰仲秋，施子樸齋過余陽客舍，出所攜《呂宋紀略》
一冊，曰此太倉羌霞川先生所撰也。遊記罕見，蓋爲點定，亟披閱之海外一
國耳。其中疆土、風俗、氣候、物產以及男女之衣著，宮室堂院之建置，一
一臚列，是皆外域殊方身所經歷而得之者。余躍然曰：嘻，此非閎大不經之
侈談，大瀛海窮天地之際也，特尚爲草稿未定本，不揣孱（yǎn）陋，爲銓
次其先後，略加潤色，名以《蠡測錄》。昔元人汪大淵嘗附海舶至海外諸國，
著有《島夷志略》。所紀大半史所不載，即載者亦不及其親見之詳，豈等諸
《海語》一書得自傳聞而影撰者。此編何多讓焉，還以示樸齋。樸齋又博參
《海國考》諸書摘附於後，而呂宋國事顚末具備矣。聞羌君客吳淞，余慕其
人，冬杪買舟旋里，將即以此編爲紹介而見焉可乎？僑婁幔坡潘凱題。」

施彥士《跋》曰：「國家遐威遠暢，所紀異域諸書亦日夥，然率得傳聞。海賈往來又鮮能識其風土者。先生以有心人抵絕域，懷鉛負槧，得成此編。原原本本，有體有委，與耳食者迥異。見示後，即命兒曹錄存，以備史部地理一種。謹將原書奉趙。附錄《東西洋考》諸書數則，不及次其先後，未知可供採擇，以備呂宋國事顛末否。嘉慶庚辰八月五日崇明施彥士樸齋氏跋。」

112.《呂宋紀略》一卷（1844）

佚名撰。國家圖書館藏清道光 24 年（1844）刻本一卷一冊，域外叢書《海外番夷錄》之一。

（十）尼泊爾、不丹

113.《廓爾喀不丹合考》一卷（1891）

龔柴撰。光緒十七年（1891）上海著易堂鉛印王錫祺輯「小方壺齋輿地叢鈔」本第 3 帙。

（十一）西　亞

114.《阿剌伯考略》一卷（1891）

龔柴撰。光緒十七年（1891）上海著易堂鉛印王錫祺輯「小方壺齋輿地叢鈔」本第 10 帙。

115.《鹹海紀略》一卷（1891）

蔡錫齡撰。光緒十七年（1891）上海著易堂鉛印王錫祺輯「小方壺齋輿地叢鈔」本第 10 帙。

116.《波斯考略》一卷（1891）

龔柴撰。光緒十七年（1891）上海著易堂鉛印王錫祺輯「小方壺齋輿地叢鈔」本第 10 帙。

117.《阿富汗考略》一卷（1891）

龔柴撰。光緒十七年（1891）上海著易堂鉛印王錫祺輯「小方壺齋輿地叢鈔」本第 10 帙。

118.《東土耳其考略》一卷（1891）

龔柴撰。光緒十七年（1891）上海著易堂鉛印王錫祺輯「小方壺齋輿地叢鈔」本第 10 帙。

119.《亞剌伯沿革考》一卷（1894）

李光廷著。光緒二十年（1894）上海著易堂鉛印「小方壺齋輿地叢鈔補編」第10帙本。

不分卷，記載了亞剌伯（即阿拉伯）地區的歷史和地理沿革，並且簡要介紹了伊斯蘭教風俗，還談到了伊斯蘭教經典《古蘭經》。全文主要是引徵我國的歷史文獻記載進行論述，如《新唐書》、《舊唐書》、《元史·郭侃傳》、劉郁《西使記》、黃省曾《西洋朝貢典錄》、《明史》等。

120.《土耳其志輯要》一卷（1902）

吳前楣撰。國家圖書館藏麗澤學會清光緒28年（1902）《五洲列國志匯》石印本一卷。該書分國統、國例、疆域、官制、文教、兵籍、兵輪、國計、國債、商務、鐵路、錢幣、屬國諸目，介紹了土耳其的歷史沿革、國君的世系傳承、疆域形勢、官制、曆法、商業、鐵路、貨幣等情況。

121.《土耳其屬地紀略》一卷（1902）

沈林一撰。國家圖書館藏麗澤學會清光緒28年（1902）《五洲列國志匯》石印本一卷。

本書簡要的介紹了土耳其當時的屬地歐洲的布加利亞、干地亞諸島和非洲的埃及、的黎波里四地的方位、道里、人口、建置沿革、物產風俗、商業貿易、宗教信仰情況。

（十二）中　亞

122.《哈薩克述略》一卷（1891）

何秋濤撰。光緒十七年（1891）上海著易堂鉛印王錫祺輯「小方壺齋輿地叢鈔」本第3帙。

123.《中亞細亞圖說略》一卷（1891）

蔡錫齡撰。光緒十七年（1891）上海著易堂鉛印王錫祺輯「小方壺齋輿地叢鈔」本第10帙。

（十三）南　洋

124.《爪亞風土拾遺》一卷（1844）

佚名撰。國家圖書館和北京大學圖書館藏清道光24年（1844）刻本一卷一冊，域外叢書《海外番夷錄》之一。

125.《檳榔嶼志略》十卷（1875～1908）

力鈞撰。

（1）上海圖書館藏清光緒間木活字本四冊（本書提要採用版本）。

（2）北京大學圖書館藏清光緒殘稿本六冊。

力鈞，福建永福（今永泰）人，1891 年到東南亞遊歷。在新加坡見到左秉隆總領事所著的《海南群島紀略》，深受啟發，遂「借鈔數帙，資為先路，每至一處參以見聞」，在居住檳榔嶼三月後匆匆撰成《檳榔嶼志略》一卷。同年冬回到福建，交付集字排印。此書對檳榔嶼的疆域道里、山水園林、人口戶籍、人文風土都有均有記述。這些記述既有力鈞的親歷親聞，亦徵引了《瀛寰志略》、《環遊地球新錄》、《外國史略》、《出使四國日記》等有關文獻記載，而且對其中的錯誤記述多所駁正。該書共十卷。卷一天文志，分星度、氣候、時令三個子目；卷二地輿志，分故實、始事、異名、疆里、水程、形勢六個子目；卷三使守志，分欽使、西酋、屯戍、推舉四個子目；卷四流寓志，分傳略、戶籍兩個子目；卷五名勝志，分山水、園林、寺觀三個子目；卷六建置志，分義學、醫院、會館、公冢四個子目；卷七風俗志，分正禮、異聞兩個子目；卷八藝文志，分書目、抄存兩個子目；卷九食貨志，分商務、餉款、物產三個子目；卷十叢談。

卷首力鈞《自序》曰：「海南群島親歷其地而著書者，惟王柳谷《海島逸志》、謝清高《海錄》。然王詳於葛羅巴，謝亦惟蘇門答剌一隅為確。蓋一人見聞有限，博採兼收，不無舛誤。鈞辛卯南遊至新嘉坡晤領事左君秉隆，出示《海南群島紀略》，擇精語詳，駕王、謝二君上矣。借抄數帙，資為先路。每至一處，參以見聞，條記件繫，積稿滿篋。東旋後，略為刪補，成書數種。惟《檳榔嶼志略》較有頭緒，然嶼地不過數百里，開闢不過百餘年。英自嘉慶中年，商務徙新嘉坡，故中國使者日記於嶼地多略，則欲求文獻之政，難矣！鈞居嶼僅三月，酬應煩雜，日無暇暑，考證未悉，採訪未周，體例未定，舛誤甚於王、謝二書，遠遜左領事所著者。惟望多識君子，匡所不逮，俾鈞所更正，則幸甚矣！永福力鈞自識。」

126.《東南洋記》一卷（1891）

陳倫炯撰。光緒十七年（1891）上海著易堂鉛印王錫祺輯「小方壺齋輿地叢鈔」本第 10 帙。

127.《東南洋鍼路》一卷（1891）

吳調陽校。光緒十七年（1891）上海著易堂鉛印王錫祺輯「小方壺齋輿地叢鈔」本第 10 帙。

128.《呂宋紀略》一卷（1891）

黃可垂撰。光緒十七年（1891）上海著易堂鉛印王錫祺輯「小方壺齋輿地叢鈔」本第 10 帙。

129.《南洋記》一卷（1891）

陳倫炯撰。光緒十七年（1891）上海著易堂鉛印王錫祺輯「小方壺齋輿地叢鈔」本第 10 帙。

130.《崑崙記》一卷（1891）

陳倫炯撰。光緒十七年（1891）上海著易堂鉛印王錫祺輯「小方壺齋輿地叢鈔」本第 10 帙。

131.《南澳氣記》一卷（1891）

陳倫炯撰。光緒十七年（1891）上海著易堂鉛印王錫祺輯「小方壺齋輿地叢鈔」本第 10 帙。

132.《柔佛略述》一卷（1891）

闕名撰。光緒十七年（1891）上海著易堂鉛印王錫祺輯「小方壺齋輿地叢鈔」本第 10 帙。

133.《葛剌巴傳》一卷（1891）

闕名撰。光緒十七年（1891）上海著易堂鉛印王錫祺輯「小方壺齋輿地叢鈔」本第 10 帙。

134.《南洋事宜論》一卷（1891）

藍鼎元撰。光緒十七年（1891）上海著易堂鉛印王錫祺輯「小方壺齋輿地叢鈔」本第 10 帙。

135.《南洋各島國論》一卷（1891）

吳曾英撰。光緒十七年（1891）上海著易堂鉛印王錫祺輯「小方壺齋輿地叢鈔」本第 10 帙。

136.《海外群島記》一卷（1891）

闕名撰。光緒十七年（1891）上海著易堂鉛印王錫祺輯「小方壺齋輿地

叢鈔」本第 10 帙。

137.《他士文尼亞島考略》一卷（1891）

闕名撰。光緒十七年（1891）上海著易堂鉛印王錫祺輯「小方壺齋輿地叢鈔」本第 10 帙。

138.《牛西蘭島紀略》一卷（1891）

闕名撰。光緒十七年（1891）上海著易堂鉛印王錫祺輯「小方壺齋輿地叢鈔」本第 10 帙。

139.《南極新地辨》一卷（1891）

金維賢撰。光緒十七年（1891）上海著易堂鉛印王錫祺輯「小方壺齋輿地叢鈔」本第 10 帙。

140.《蘇祿考》一卷（1897）

王錫祺輯。光緒二十三年（1897）上海著易堂鉛印「小方壺齋輿地叢鈔再補編」第 10 帙本。

141.《蘇祿記略》一卷（1897）

葉羌鏞撰。光緒二十三年（1897）上海著易堂鉛印「小方壺齋輿地叢鈔再補編」本。第 10 帙本。

142.《南洋蠡測》一卷（1897）

顏斯綜撰。光緒二十三年（1897）上海著易堂鉛印「小方壺齋輿地叢鈔再補編」本。第 10 帙本。

143.《檀香山群島志》一卷（成書年間不詳）

（清）謝希傅撰。北京大學圖書館藏民國間（1912～1949）通學齋鉛印本。

該書敘述了檀香山群島的不同中文譯名，並指出了檀香山譯名的由來，即「因其地產檀香絕多，故中國以檀香山名之。」書中對檀香山的地理位置、經緯度、面積、各個島嶼名稱、歷史、政治制度、人口、風俗、氣候、物產等，並且對各個組成的島嶼哈歪伊、瓦湖、賀挪魯魯、麻維、麻拉開、賴拿哀、開赫老、高哀、納訶島等均有單獨的介紹。此書卷末還附有謝希傅《識》：「檀島開闢厪數十年，徐中丞《瀛寰志略》及日本岡本監輔《萬國史記》所載極略，其時草昧經營，商埠固猶未盛也，曾不轉眴，荒涼廖寂之區一變而

爲蜃市樓臺之象，島内政教兩端並皆取法泰西，蒸蒸就理，迥非番社苗寨所可比擬。希傅曩初出洋道經此島，有粵商古今輝等作東道主導遊海岸一周，因索得全島圖本，歸舟與譯者釋之，得稿四葉，途次無書可檢，頗病其略，未敢出眎人也。及經巴黎爲張讓三大令美翊言之殷然見索，踰月以所撰島志寄示考核翔實，其中採用拙稿約十之三四，纂輯之功有足多者，坿刊於此，埃世之爲《瀛寰》續志者得所考云，戊戌三月希傅識。」

三、歐　洲

（一）跨國地理

144.《英法俄德四國志略》不分卷（1892）

沈敦和撰。

（1）上海圖書館藏清光緒 18 年（1892）四明百學廬刻本一冊。

（2）上海圖書館和北京大學圖書館藏清光緒 22 年（1896）上海圖書集成印書局鉛印本一冊。

（3）上海圖書館藏清光緒 22 年（1896）上海祥記書局石印本。

（4）光緒二十年（1894）上海著易堂鉛印王錫祺輯「小方壺齋輿地叢鈔補編」本第 11 帙有《英吉利國志略》、《法蘭西國志略》、《德意志國志略》各 1 卷，而「小方壺齋輿地叢鈔補編」第 3 帙有《俄羅斯國志略》1 卷。

全書不分卷，按英吉利國、法蘭西國、俄羅斯國、德意志國爲序分爲四部分。每一部分均按沿革、疆域、藩屬、政治、財賦、文學、武備、風俗、氣候物產、貨殖、製作等子目來編撰。書前有桂嵩慶序、江衡序、沈敦和自序；書後有崔鼎跋和何鏞跋。

該書卷首有沈敦和自序。沈敦和《英法俄德四國志略自序》曰：「敦和自束髮未習舉業，而於經世有用之書，妄希涉獵。稍長，見時事多故，往遊泰西，閱十有三月。於其國之語言、文事，積久有得。乃復周覽其山川，熟察其政事，以逮乎人民風俗，耳之所聞，目之所接，輒以西字筆之。意所不能通，則證之於彼都之人士與其典籍，都凡二十有餘國，率隨得隨錄，不加文義，積稿盈篋，未遑類次。旋華以來，迭受知疆吏，捧檄奔走，鮮會定時。近歲在省，始獲暇晷。二三同好，公餘過從，詢及舊錄，恨相見之晚。爰檢校故紙，擇其大者，分別條理。其有前人所已述，擇採取他書，不復意補。

積六十日，譯成英、法、俄、德四國，名之曰《志略》，付諸剞氏。其餘他國，容假歲月，次第編竣，聊誌弱齡數萬里外鴻雪之跡，非敢云問世也。抑敦和思之，方今中外輯睦，皇華諸使駐節海外，類多博聞不辱命之臣，其所爲料量荒服之情形，規測重洋之要害，必有鴻篇巨帙，足以備廷採而固疆防。區區是《略》，百不逮一，世之覽者，亦等諸海客談瀛可矣。光緒十八年壬辰四月，四明沈敦和識。」

145.《塞爾維羅馬尼蒲加利三國合考》一卷

鄒弢撰。《小方壺齋輿地叢鈔再補編》第 11 帙本。

（二）俄羅斯

146.《出塞紀略》一卷（1821～1850）

錢良擇撰。

（1）北京大學圖書館藏清道光（1821～1850）世楷堂刻本。

（2）光緒十七年（1891）上海著易堂鉛印王錫祺輯「小方壺齋輿地叢鈔」本第 3 帙。

147.《俄國疆界風俗志》三卷（1884）

吳大澂輯。

（1）北京大學圖書館藏光緒十年（1884）五湖草廬刻本一冊。

（2）上海圖書館藏光緒十年（1884）五湖草廬石印本一冊。此書實際包括三個子目，即由三本書構成，林則徐輯《俄羅斯國紀要》一卷；姚瑩撰《俄羅斯方域》一卷；姚瑩輯《記英俄二夷搆兵》一卷。卷首有光緒八年吳大澂序，曰：「秦漢以來，天下一統。昔之所謂要荒者，今爲我疆圉矣。但地之擾壤者可自我而一之，而諸夷之在海外者亦必勤我遠略，使之懷德而畏威也。蓋溥天之下，莫非王土；率土之濱，莫非王臣，豈以中外隔絕、人物懸殊，逐將外夷之圖籍而廢中國之考證哉？歷代史傳及諸方志於外域地名國號人情風土記述特詳，其筆之於書者所以待後人之考訂也。苟悉心以求之，雖千數百年後、萬數千里外不難默會其情形、洞悉其險易，措置所宜，瞭如指掌。我聖朝疆理天下，殊方重澤罔不賓服。師武既揚，文教亦訖。雖僻在北荒之俄羅斯俾習國書而曉禮義開市易而歸約束。所謂天之所覆，地之所載，凡有血氣莫不尊親，是矣。林少穆、姚石甫兩先生有俄羅斯紀要、俄羅

斯方域，所載戰爭和好制度風俗與夫生齒之繁、物產之盛，考核之精，實補前人所未逮。讀之，真足以廣見聞，而有志邊務者尤宜細究焉。光緒八年歲在壬午夏五月古吳後學吳大澂謹序。」

林則徐《俄羅斯國紀要》一卷，以總序開篇，接著分為東俄羅斯五部、西俄羅斯七部、大俄羅斯十八部、小俄羅斯三部、南俄羅斯五部、加匿俄羅斯五部、俄羅斯南新藩五部等目逐一介紹各部的疆域四至、幅員面積、戶口多少、物產風俗等情況。文中還夾註作者自注及著名邊疆史地學家何秋濤的按語，大多為考釋地名。

姚瑩《俄羅斯方域》一卷，主要是姚瑩採擇當時眾多關於俄羅斯地理的著述，並以此來考述俄羅斯的方域四至。姚瑩考釋的著作包括清官修《大清一統志》、陳倫炯《海國聞見錄》、南懷仁《坤輿全圖》、艾儒略《職方外紀》、林則徐《四洲志》、七十一《西域聞見錄》、魏源《海國圖志》等。

姚瑩《記英俄二夷搆兵》一卷，本書簡要記述了英國和俄羅斯在印度興兵擴張領土之事。書中雖主要是記載俄羅斯和英國的領土擴張，但對相關的地理區域加以了考釋。而且作者對俄羅斯與英國的領土擴張保持了高度的警惕，作者云：「方康熙雍正間，英夷僅據有孟阿臘、孟買二埠，未窺印度全境。而俄羅斯亦方與西北普魯社搆兵，未遑南牧。凡?嶺以西瀕地中海東岸皆統於天方之回教。故乾隆中西域甫平，痕都斯坦尚與巴達克山搆兵，雖旋為愛烏罕所併（即古大月氏），亦回教非西洋教。及乾隆嘉慶以來，俄羅斯兵出黃海攻取黑海各部，又日沿裏海南侵。而英吉利亦吞併痕都斯坦，泝恒河北上，於是?嶺以西，自布哈爾、愛烏罕諸大國外，凡近裏海之游牧回部號韃韃里者皆並於俄羅斯，凡夾恒河及南洋之城郭回國半屬於英吉利矣。」記載這些的目的，就是要警示清朝統治者不能無視英、俄飛速的侵略侵略行徑，一定要予以高度的警惕。

148.《俄羅斯形勢考》一卷（1891）

何秋濤撰。光緒十七年（1891）上海著易堂鉛印王錫祺輯「小方壺齋輿地叢鈔」本第 3 帙。

149.《俄羅斯源流考》一卷（1891）

繆祐孫撰。光緒十七年（1891）上海著易堂鉛印王錫祺輯「小方壺齋輿地叢鈔」本第 3 帙。

150.《俄羅斯諸路疆域考》一卷（1891）

何秋濤撰。光緒十七年（1891）上海著易堂鉛印王錫祺輯「小方壺齋輿地叢鈔」本第 3 帙。

151.《俄羅斯分部說》一卷（1891）

何秋濤撰。光緒十七年（1891）上海著易堂鉛印王錫祺輯「小方壺齋輿地叢鈔」本第 3 帙。

152.《俄羅斯疆域編》一卷（1891）

繆祐孫撰。光緒十七年（1891）上海著易堂鉛印王錫祺輯「小方壺齋輿地叢鈔」本第 3 帙。

153.《俄羅斯互市始末》一卷（1891）

何秋濤撰。光緒十七年（1891）上海著易堂鉛印王錫祺輯「小方壺齋輿地叢鈔」本第 3 帙。

154.《俄羅斯叢記》一卷（1891）

何秋濤撰。光緒十七年（1891）上海著易堂鉛印王錫祺輯「小方壺齋輿地叢鈔」本第 3 帙。

155.《北徼城邑考》一卷（1891）

何秋濤撰。光緒十七年（1891）上海著易堂鉛印王錫祺輯「小方壺齋輿地叢鈔」本第 3 帙。

156.《北徼方物考》一卷（1891）

何秋濤撰。光緒十七年（1891）上海著易堂鉛印王錫祺輯「小方壺齋輿地叢鈔」本第 3 帙。

157.《北徼形勢考》一卷（1891）

何秋濤撰。光緒十七年（1891）上海著易堂鉛印王錫祺輯「小方壺齋輿地叢鈔」本第 3 帙。

158.《俄羅斯戶口略》一卷（1891）

繆祐孫撰。光緒十七年（1891）上海著易堂鉛印王錫祺輯「小方壺齋輿地叢鈔」本第 3 帙。

159.《俄羅斯盟聘記》一卷（1891）

魏源撰。光緒十七年（1891）上海著易堂鉛印王錫祺輯「小方壺齋輿地

叢鈔」本第 3 帙。

160.《俄羅斯附記》一卷（1891）

魏源撰。光緒十七年（1891）上海著易堂鉛印王錫祺輯「小方壺齋輿地
叢鈔」本第 3 帙。

161.《奉使俄羅斯日記》一卷（1891）

張鵬翮撰。

（1）民國三十八年（1949）中國歷史研究社 1949 年編「中國內亂外禍
歷史叢書」第十七輯鉛印本一冊。

（2）光緒十七年（1891）上海著易堂鉛印王錫祺輯「小方壺齋輿地叢鈔」
本第 3 帙。

162.《海隅從事錄》一卷（1891）

丁壽祺撰。光緒十七年（1891）上海著易堂鉛印王錫祺輯「小方壺齋輿
地叢鈔」本第 3 帙。

163.《亞洲俄屬考略》一卷（1891）

龔柴撰。光緒十七年（1891）上海著易堂鉛印王錫祺輯「小方壺齋輿地
叢鈔」本第 3 帙。

164.《俄屬海口記》一卷（1891）

闕名撰。光緒十七年（1891）上海著易堂鉛印王錫祺輯「小方壺齋輿地
叢鈔」本第 3 帙。

165.《符拉迪沃斯托克埠通商論》一卷（1891）

闕名撰。光緒十七年（1891）上海著易堂鉛印王錫祺輯「小方壺齋輿地
叢鈔」本第 3 帙。

166.《蝦夷紀略》一卷（1891）

姚棻撰。光緒十七年（1891）上海著易堂鉛印王錫祺輯「小方壺齋輿地
叢鈔」本第 3 帙。

167.《中俄交界記》一卷（1891）

王錫祺撰。光緒十七年（1891）上海著易堂鉛印王錫祺輯「小方壺齋輿
地叢鈔」本第 3 帙。

168.《通俄道里表》一卷（1891）

繆祐孫撰。光緒十七年（1891）上海著易堂鉛印王錫祺輯「小方壺齋輿地叢鈔」本第 3 帙。

169.《俄羅斯事輯》一卷（成書時間不詳）

俞正燮著。本文先從歷史上分析俄羅斯的背景，然後考察俄羅斯的邊疆，講述了以前俄羅斯侵略中國以及當今中華民族的危機感，通過對沙俄進行侵略擴張的歷史之分析，說明沙俄也是一個侵略性很強的國家，希望人們對沙俄的侵略本性有所認識。主要還是讓當時的人們認清俄羅斯的本質。

（三）英　國

170.《英吉利記》一卷（1832）

蕭令裕著。據邱樹森、陳振江主編《新編中國通史》第三冊第 490 頁所述，該書僅 7000 餘言，道光十二年（1832）成書。記述了英國的地理方位、殖民的情況、政教、武備、中英關係、物產、風土人情等較詳。文章開頭還對關於英國的幾個不同譯名作爲介紹。

171.《英國論略》一卷（1838 年後）

佚名撰。據邱樹森、陳振江主編《新編中國通史》第三冊第 490 頁所述，此書大約成書於道光十八年（1838）之後。全書雖然僅僅 2300 字，但記述英國的地理位置、民風、政教、工商、外貿、貨幣、稅收、政體、兵船與武備等情況都比較精確、簡明。

172.《紅毛番英吉利考略》一卷（1840 年後不久）

汪文泰輯。國家圖書館藏清刻本一卷一冊。汪文泰字南士，號碧山學士，安徽黟縣人，府學廩生。鴉片戰爭期間，他憤於道路傳言不實，國人不識外情，於是搜羅諸書，輯爲《紅毛番英吉利考略》一卷。該書主要是採集《海國紀聞》、《海島逸志》、《明史・外國荷蘭傳》、《癸巳類稿》、《海國聞見錄》、《西洋會士著書目補編注》、《澳門紀略》、《職方外記》與《讀史方輿紀要》等二十幾種文獻的域外記載而著成。是書考釋了英國的地理方位、人情土俗、宗教信仰，並且重點記述了當時英國的對外貿易和領土擴張，以及英軍不斷騷擾和侵略我東南沿海的史實，具有較爲明確的「防夷」意識。書中還較爲詳細的記述了英軍的火輪船和刀銃（大炮）等軍事裝備。書中有這樣的

一段記載值得玩味和注意：「道光二十年八月《京報》御史焦友麟奏：風聞葉爾羌有旱路與英吉利夷人交易之處，須設法嚴防。十二月參贊大臣恩特亨額奏：查葉爾羌各卡倫無路可通英吉利，亦未見有該夷人進卡交易。案《利瑪竇傳》云：同時有鄂本篤者從陸道歷回回等國，行三年至陝西，則西洋實有陸路可通。焦奏不爲無因，惟其間隔俄羅斯、回部諸大國，陸海跋涉不易，故英吉利夷人無至葉爾羌貿易之事。」從上述文字可以看出，清統治者對於英人在西北地方的滲透尚未引起重視，甚至認爲在西北有陸路可通英國，可見時人對域外的暗昧。

《紅毛番英吉利考略》卷首「補記」曰：「張燮《東西洋考》：紅毛自稱和蘭國，與佛郎機臨壤。而《考略》下引《海島逸志》云：華人呼爲和蘭西，又以和蘭爲佛郎西。案東洋列國考，美洛居向時所攜貨有爲紅毛所特需者，遇佛郎機必怒。若紅毛人有佛郎機所需貨亦如之。正與《考略》世與紅毛雠之語合。又云：分萬老高山山半山北屬和蘭山，南屬佛郎機。又與《考略》與和蘭紅毛爲鄰之語合。和蘭疑荷蘭對音，字無定耳。和蘭西即佛郎機音之變也。又補旁注亞齊一條，據洪亮吉《乾隆府廳州縣志》：明永樂二年其酋宰奴里阿必丁巳遣使入貢。後檢《東西洋考》作永樂三年，王鎖舟罕難阿必鎮遣使入貢。與洪《志》小異。案《東西洋考》作於明時，當較詳確實因（？）板，不欲剗損，附錄於此。彭年又識。」

173.《星軺考轍》四卷（1889）

劉啓彤著。南京圖書館藏清光緒十五年（1889）石印本四冊，有圖八十六幅。

174.《英政概》一卷（1890）

劉啓彤撰。

（1）北京大學圖書館藏清光緒十六年（1890）廣百宋齋鉛印本。

（2）北京大學圖書館藏清光緒二十三年（1897）慎記書莊石印本。

（3）光緒二十年（1894）上海著易堂鉛印王錫祺輯「小方壺齋輿地叢鈔補編」本第11帙。

175.《英吉利國志略》一卷（1894）

沈敦和撰。

（1）上海圖書館藏清光緒二十二年（1896）上海圖書集成印書局鉛印

《英法俄德四國志略》合訂本。

（2）上海圖書館藏清光緒二十二年（1896）上海祥記書局，石印《英法俄德四國志略》合訂本。

（3）光緒二十年（1894）上海著易堂鉛印王錫祺輯「小方壺齋輿地叢鈔補編」本第 11 帙。

該書分六部分，第一部分主要介紹了英國的歷史沿革、國名的由來以及英國對外的殖民戰爭等；第二部分介紹了英國的地理位置（「英吉利在歐羅巴西北，緯線自赤道北五十度起至五十八度半止，經線自中國京師偏西一百十五度起至一百二十七度止，東界北海，西南北均接大西洋。地分三，……南曰英倫……，北曰蘇格蘭……，一島曰阿爾蘭。」）、地形地貌、行政建置、戶口、建築、河流、島嶼、屬國……。

176.《英藩政概》一卷（1894）

劉啟彤撰。

（1）北京大學圖書館藏清光緒 23 年（1897）慎記書莊石印本。

（2）光緒二十年（1894）上海著易堂鉛印王錫祺輯「小方壺齋輿地叢鈔補編」本第 11 帙。

（四）法　國

177.《重訂法國志略》二十四卷（1871）

王韜著。上海圖書館藏清光緒十五年（1889）弢園鉛印本十冊。王韜（1828～1897），江蘇長州（今蘇州）甫里村人，原名利賓，號蘭卿，後改名韜，字子潛（紫詮），號仲弢，晚年自號天南遁叟，出身於塾師家庭，從小受到良好的儒學教育。道光二十五年（1846），18 歲的王韜考取秀才，次年應鄉試落地，激憤之下發誓不再應試八股，逐絕舉業，開始潛心讀書，尋找濟世救民之學。道光二十九年（1849）赴上海，受雇於英國倫敦傳教士麥都思所辦的墨海書館，協助翻譯宗教和科學書籍，幫助編輯中文雜誌《六合叢談》，廣泛接觸西學，並於咸豐四年（1854）受洗入教。同治元年（1862）因風傳其向太平軍將領上書獻策，遭清廷通緝，乃更名而逃亡香港，開始了漫遊生涯，逐步接受資產階級社會思想。同治十三年（1874），他在香港創辦《循環日報》，積極宣傳變法自強主張，成為中國早期的改良主義者之一。光緒十年（1884），獲李鴻章默許，回到上海定居，翌年出任上海格致書院

山長。光緒二十三年（1897）病逝於上海，享年六十九歲。王韜一生漫遊天下，先後遊歷了英、法、俄、日等數十個國家，飽受西方政治文化的影響。他一生筆耕不輟，著述豐富，著有《普法戰紀》、《法國志略》、《扶桑遊記》、《乘桴漫記》、《春秋左氏傳集釋》、《春秋朔閏考》、《春秋日食辨正》、《皇清經解箌記》、《瀛壖雜誌》、《甕牖餘談》、《俄羅斯志》、《美利堅志》、《弢園文錄》、《弢園文錄外編》、《弢園尺牘》、《蘅華館詩錄》等數十種，其中《弢園文錄外編》是反映王韜變革思想的最重要的著作，而《普法戰記》、《法國志略》和《扶桑遊記》則是王韜最有影響的史學代表作。

《法國志略》是王韜所有著述中最為重要的著述。此書初撰於同治十年（1871），是他漫遊歐洲回到香港後所作。是年，他依據丁日昌贈閱的美國人所撰《地球圖說》譯本為基礎，並增輯自己旅法見聞，編成《法國圖說》，即《法國志略》14卷。光緒十六年（1890），王韜又參考日本岡千仞的《法蘭西志》、岡本監輔的《萬國史記》、高橋二郎的《法蘭西志》以及《西國近事彙編》等書刊資料，增訂補輯成《重訂法國志略》24卷。《法國志略》是中國人撰寫的第一部法國通史，概述了法國自立國至普法戰爭期間的漫長歷史。該書繼承中國傳統的編撰形式，綜合紀傳體、紀事本末體諸編撰體裁，分別記載了法國開國紀元、王朝遞嬗、議院建置、外交策略、戰爭始末，以及疆域總志、巴黎志、郡邑志、藩屬附志等法國史地情況，同時還常用「逸史氏曰」的形式發表自己的個人的觀點和議論。

王韜撰述《法國志略》的目的，在《原敘》、《凡例》和《重訂法國志略·序言》中都有反覆的申明。在《原敘》中，他說：「兩經法都，覽其宮室之雄麗，廛市之殷闐，人民之富庶，兵甲之盛強，未嘗不歎其外觀之赫耀也；及徐而察其風俗之侈靡，習尚之誇詐，官吏之驕惰，上下之猜忌，亦未嘗不慮其國不可以為國，而初不料一蹶不振如是之速也！」「吾願歐洲諸國以法為鑒焉可也，特余志法之意。」王韜撰寫《法國志略》的目的，即是警醒清統治者和國人在閱讀此書後能真正以法國的盛衰為鑒。

《法國志略》刊行後不脛而走，在洋務派官僚和維新人士中間流傳甚廣，「當今名公偉人，皆譽之不容口。」唐才常還在《湘學報》中把《法國志略》列為必讀書推薦給民眾，在戊戌變法運動中產生了一定的作用。

王韜《法國志略原序》：

> 「同治九年庚午春，予從泰西歸豐順，丁雨生中丞方開府吳

中，以其所纂《地球圖說》郵寄粵嶠，命余增輯史事，裒益近聞，著爲定本。其書自米利堅人原本譯出，僅詳輿地而已，且識小略大，多所遺漏，遣詞命句，未極雅馴。余因先從事於《法志》，爲之甄削繁要，區別體例，增損改置，條繫件分，凡六閱月，始得蔵事。其間改析原書者六卷：首爲《法蘭西總志》三卷，次爲《法京巴黎新志》一卷，又次爲《法蘭西郡邑志》二卷。此外，就見聞所及，或採自他書，或錄諸郵報，益以廣述八卷：首爲《法英婚盟和戰紀》二卷，次爲《拿破崙第三用兵記》二卷，次爲《普法戰紀》三卷，又次爲《瑣載》一卷。區劃疆域，指述山川，民風、物產，具陳璨然，爲《總志》上；政分今古，綱舉目張，規模漸備，首在富強，爲《總志》中；舊三十三部，新八十九府，縷析條分，屬藩後附，爲《總志》下。宅中建都，綱維全土，負海阻山，爲其門戶，爲《法京志》；瓜疇芋區，經理宜詳，居民度地，此界彼疆，爲《郡邑志》上、下；昔攻今合，比附相安，一或不競，唇亡齒寒，爲《法英婚盟和戰紀》上、下；因勢竊據，遂逞梟雄，外強中槁，卒召伏戎，爲《拿破崙第三用兵記》上、下；盈覆驕亡，禍機倚伏，弗戢自焚，身禽國蹙，爲《普法戰紀》上、中、下；學術不同，器藝足述，旁（言取）敵情，無遺纖細，爲《瑣載》。敘述大指，略具於此矣。襄余初至倫敦，即致書法國學士儒蓮，謂宜撰成《國志》，俾二千年以來事蹟犁然有所發明，得以昭示海内，此亦不朽之盛業，儒蓮未有以應也。余三年中往還皆取道法境，故得兩經法都，覽其宮室之雄麗，廛市之殷闐，人民之富庶，兵甲之盛強，未嘗不歎其外觀之赫耀也。及徐而察其風俗之侈靡，習尚之誇詐，官吏之驕惰，上下之猜忌，亦未嘗不慮其國不可以爲國，而初不料一蹶不振如是之速也。嗚呼！法在歐洲，爲千餘年自立之國，喜選事，善用兵，歐洲全域視之以爲安危，列國於會盟、征伐諸大端，無不使集議於其都，而法爲之執牛耳。其國威兵力，足以懾人，蓋積漸使之然也。日中則昃，月盈則魄，此理之常，法奈何不悟哉！雖然，莫謂法無人也。一二老成人，蓋有太息流涕，以私相告語者，徒以職位不尊，事權莫屬，雖言而不見用。自古事勢一去，智愚同盡，運會所乘，才庸共奮。夫亦準諸天道，而權諸人事耳，豈由一朝一夕之故哉！論者但知法之所以盛，而不知法之所以衰，固不得爲探本窮源者矣。法

之盛，法固有以致之；法之衰，法亦自有以取之，並不得爲弱法者咎也。吾顧歐洲諸國以法爲鑒焉可也。特余志法之意，更有進於此者。法通中國已三百餘年，於泰西諸國爲獨先。名流碩彥，接踵東來，無非借天算格致，以陰行其主教，其勢幾至上動帝王，下交卿相。有明之際，靡然從風，實足爲人心學術之隱憂。流弊至今，亦緩通商而急傳教，中外齟齬，率由此起。即其國政權，亦半爲主教所把持。今之法王拿破崙第三溺之尤甚，至稱爲護法宗師。失鄰歡，招兵釁，未始不由乎是。然則主教曾何益於人家國哉！況乎國中教堂相望，教師如林，習教傳徒，遣人四出民間，歲靡金資巨億萬，此法削弱之所由來也。奈何法尤不自知也？法不自知，而尚欲強行之於他國，不亦傎乎！天生烝民，作君作師。君也者，無異政，與民同欲；師也者，無異教，爲民立命。政教不相統而適相成，此世之所以治也。泰西諸國，政教一體，互相維持，而卒亦治者，有治人也；其循至於亂者，無治法也。且爲教之故，至於父母兄弟相殺，獨何歟？特是言主教於今，是歐洲諸國久已深知其非！其勢亦將漸衰，不足爲患，惟法獨承其弊耳。法其可不改弦易轍，急自振勵哉！吾方爲後日之法望之矣。辛未春，吳郡王韜序於天南遁窟。」

178.《法政概》一卷（1894）

劉啓彤撰。

（1）北京大學圖書館藏清光緒 23 年（1897）愼記書莊石印本。

（2）光緒二十年（1894）上海著易堂鉛印王錫祺輯「小方壺齋輿地叢鈔補編」本第 11 帙。

179.《法蘭西國志略》一卷（1894）

沈敦和撰。

（1）上海圖書館藏清光緒 22 年（1896）上海圖書集成印書局鉛印《英法俄德四國志略》合訂本。

（2）上海圖書館藏清光緒 22 年（1896）上海祥記書局，石印《英法俄德四國志略》合訂本。

（3）光緒二十年（1894）上海著易堂鉛印王錫祺輯「小方壺齋輿地叢鈔補編」本第 11 帙。

（五）德　國

180.《德意志國志略》一卷（1894）

沈敦和撰。

（1）上海圖書館藏清光緒 22 年（1896）上海圖書集成印書局鉛印《英法俄德四國志略》合訂本。

（2）上海圖書館藏清光緒 22 年（1896）上海祥記書局，石印《英法俄德四國志略》合訂本。

（3）光緒二十年（1894）上海著易堂鉛印王錫祺輯「小方壺齋輿地叢鈔補編」本第 11 帙。

（六）西班牙

181.《西班牙述略》不分卷（1883）

朱和鈞輯。上海圖書館藏抄本一冊，封面題望雲聽雨待月之齋隨筆。卷首有作者《小識》，曰：「是《略》，癸未春奉鄭玉軒星使餉輯。甫越三年，日事已略有不同。茲仍照舊輯錄出，附以近事。光緒丙戌年三月茗原朱和鈞識。」該書分為傳國、版圖、地利、民俗、賦稅、勝蹟、朝會、宴饗、君后誕育、教堂受洗、宮內茶會、議院關門、大閱、干那幹會、跣足、錢法、礦務會、鬥牛、呂宋標、刑律、身稅、人物、取士、持服、黨類、鐵路、財富之區、異相、食物之禁等目，後附混喪禮、輀車菈日淺言。該書《傳國》一目記載云：「傳國（西班牙即日斯巴里亞，用簡文則云日國，非日本國也。）：班牙自立國以來，傳位世次，接《瀛寰志略》載，止女主依三伯拉時道光二十八年也。查依三伯拉在位三十五年。同治十年始為國人所逐，出奔法郎西，國人迎立意大利世子阿馬迭倭，在位不及三年，見政出多門，遂遜位歸國。同治十三年改為民主之國，一年之內四易總統。光緒元年，迎立依三伯拉世子阿爾分所第十二，即今主也，仍復君主之國。」《版圖》一目云：「西班牙屬土計四十九省，按《瀛環志略》業已載明。惟云依三伯拉時，王弟煽亂亞墨利加諸藩皆叛，僅存古巴、小呂宋兩處。查現時載籍，亞非利加之美修打、美利約、費爾南多博、嘎里私戈、阿落笨、嘎落林那皆為西班牙藩屬，不僅古巴與小呂宋也。」該書在《鬥牛》一目記載了西班牙的鬥牛風俗，「西班牙鬥牛之風，由來已久。聞昉自羅馬，每於春夏秋三時，逢禮拜期一次。鬥

牛之場,大可數十畝。屋制圓形,面面皆樓,中央空處圍以短垣。垣之外作複道,又繚以板障。班障之外則層疊而上,皆觀者座次,樓上亦然。凡鬥牛之日,自下午三點鐘起,先眾奏樂,有錦衣小結束者數人。騎馬持木桿槍出,髮束若錐,隱露腦後,兩腿束以鐵片。馬首以布蒙之,繞場一周。放牛入場,騎者故與牛近,撩牛之怒,牛觸馬以角,騎者以槍抵之,牛負痛觸逾甚,騎者顛墜而馬腹洞穿,臟腑委地矣。又以他騎撩之,如是者再,牛力稍懈。騎者始退,易步者進。步者數人,其結束與騎者同,惟兩腿不束鐵片耳。先各持紅布一幅,撩牛使觸,或東或西,以迷亂之。差牛東西犇觸漸緩,因以雙小尖槍伺牛於咫尺間。近刺其項,深入寸許,血涔涔下。或仍犇騰,再刺之,必俟其喘促沫流,目不暇顧,持利劍直刺其項心,牛仆地。觀者齊鼓掌稱快。聞鬥者之技,以持劍者為最,持雙尖槍者次之,騎者又次之,能操命中之技者,千百中之什一。計自三點鐘起,約鬥六牛為度,馬之斃者,約十數匹。要皆伏櫪老驥,特驅之以就死耳。每次觀者,男女不下數萬人,日君與宮眷亦每次必臨,蓋其俗即如是,不得不樂民所樂也。」在該書《黨類》一目介紹西班牙各黨派「干謝八對」、「理別哈」、「黑木綠格」、「嘎力私」、「嘎多力戈」及西班牙的政黨制度、總統共和制度。此目附有《按語》,其中介紹了當時存在的君主專制、君主立憲制、總統共和制等政體形式。《黨類附按語》曰:「按地球五大洲內,亞西亞洲惟我華為君政之國,大君出令。日本近效法西人,改為君民參半。至朝鮮、安南、琉球、暹羅等蕞爾小國,概不具論。歐羅巴洲惟俄係君政之國,亦與我華同。其餘各國均君民參半,有上下議院與聞國政。自法改為民主,其君名總統,四年一易,各國均欲效法,於是黨類滋多,各懷窺竊神器之意。恐將來亂無已日,亞美利駕洲自華盛頓開國即創為民主,四年易一總統,以開創之君由己立法,舉凡墨西哥。秘魯、智利、巴西、葛侖比亞、威內瑞辣、瓜達馬納等國,亦皆民主。阿非利加洲率多黑人,其間如馬達斯加馬那戈等國向與歐西通使,餘皆歐西酋長。其政教不足論,澳大利亞洲,其土與各國通商販不久,現為英屬土。其中部落亦多,未盡奉英教令,因述黨類,信筆附贅。」

四、美　洲

（一）跨國地理

182.《中亞美利加五國政要》一卷（1894）

鄭昌棪撰。光緒二十年（1894）上海著易堂鉛印王錫祺輯「小方壺齋輿地叢鈔補編」本第 12 帙。

（二）美　國

183.《遊歷美利加圖經》三十二卷（1889）

傅雲龍著。

（1）南京圖書館藏清光緒十五年（1889）鉛印本十二冊三十二卷。

（2）國家圖書館藏清光緒間（1875～1908）鉛印暨石印本 12 冊三十二卷（卷 24～卷 30 卷爲石印）（本提要採用版本）。

卷首有光緒十五年李文田題簽，第三十二卷有作者自敘。《遊歷美利加圖經》一共分爲天文志、地理志、河渠志、國系志、風俗志、食貨志、考工志、兵志、外交志、政事志、文學志等 11 志。具體說來，卷一天文志，包括經緯表、中國美利加月朔表、中國美利加較時月差表、寒暖平均表、晴雨表；卷二至卷六地理志，包括地圖、疆域原始、合眾國沿革、合眾國方里表、四至八到表、合眾國名城歸一表、邦部方類、合眾國形勢、合眾國都、通都大邑、合眾國邑表、海灣表、海濱雜識、島表（附岬峽之屬）、山地輿雜識；卷七至卷九爲河渠志，包括水道、水道合流表、湖表、水道雜識、密士昔比河工、密士昔比河水測量表（河水高低第一，水害地段第二）、渠工表（渠工第一，舊渠第二）、水利雜識；卷十國系志，包括國系表、副伯里璽天德表、華盛頓傳；卷十一風俗志，包括形性、族類、黨目、服飾、飲食、居處、俗禮、歲時、土人風俗；卷十二至卷十七食貨志，包括民數表（民數繫年第一、男數第二、民類第三、民數系里第四、來徙民數第五）、民業表（民業系地第一，民業分類第二）、民業雜識、邦部公地表、五萬人以上地表、地直表；物產、農產表（麥玉米繫年第一，麥玉米今年比較第二，希嘎骨麥直低昂第三、農產大宗繫年第四）、食貨表（食貨低昂第一、食貨出入第二）、財產十年一計表；鹽表、鹽法雜識、糖表、酒表、淡巴菰表、油表、棉表（繫年第一，收織第二，成物第三）、絲表、羊毛表、礦類系地表、金銀礦系地表、煤礦表、礦務雜識、紐約金直低昂月表、造幣金銀

表、合眾國紙幣表、銀鈔表、官局印紙表、銀行表、國債表、利率異同表、出入表、國費總目表、內稅表、邦部互出食貨表、輸出輸入年表、食貨輸出比較表、三十年間食貨出入比較表、合眾國損本商表、許婦售年表；卷十八至卷二十三考工志，包括考工源流、工廠合表、工類表、新英邦工廠利率表、土木工費系地表、鐵道考工、鐵道系部表、鐵道年表、鐵道增人百分率表、鐵道費表、鐵軌表、鋼鐵比較表、鐵道枕木表、鐵道舛軌表、鐵道利表、它國鐵道運直比較表、火車街車工表、輪船考工、船表、輪船年表、輪船分部頓數表、工廠水力汽力系地表、工廠水汽馬力比較表、水力汽力系工表、水力汽力巨工系地表、陸軍炮局實驗炮鋼表、鐵條工年表、棉花工器十年一計表、紐約治絲分類表、化學藥物工系地表、電工系地表、酒工系地表、雜工系地表；卷二十四至卷二十八兵志，包括兵制、陸軍選兵表、十三邦陸軍表、陸軍官祿表、陸軍系地表、海軍官弁表、釁戰士身家十八局表、兵事、水師阻道說、炮臺經驗說、陸軍營房表、兵器局表、兵船表、兵船雜識、船炮經驗說、水雷、營燈；卷二十九外交志，中國約表、中國使臣表、別國使美利加表、中國人至美利加年表；卷三十政事志，包括合眾國制、刑略、大事編年表、中國美利加度量衡比較表、郵便表、電線年表、電話機系地表、新聞紙系地表、雜事；卷三十一文學誌，包括學派、美利加電學、學目、學程、學制、學類、字母表、大學校表、學期表、官學校學生課日表、師範及校習師全表、學校師生系地表、官立學校師增減表、小學校表、不學人表、藝文、金石；卷三十二敘例，包括自敘、凡例補、婦例。

184.《美國地理兵要》4 卷（1889）

顧厚焜撰。上海圖書館藏清光緒十五年（1889）上海仁記書局石印本 2 冊。根據該書《例言》，該書始撰於光緒十四年五月，至光緒十五年五月告成。全書共分四卷 68 目。卷首有黎庶昌《美利堅合眾國地理兵要序》、俞樾《日本新政考序》、孫點君《美利堅合眾國地理兵要序》、陸潤庠《美利堅合眾國地理兵要序》及作者《自敘》。根據作者《自序》可知，顧厚焜在光緒光緒十四年四月十九日啓程赴美國遊歷，他於「五月初五日抵達美國之三佛浪謝司戈埠，先遊是埠附近各處。七月初坐火車赴密士失必、魯西安納等邦，觀覽密士失必河上下流，旋赴美都華盛頓。時張樵埜星使赴秘魯遞國書未返，乃與代辦使事徐進齋觀察同謁總統並遊近都地方。八月初，厚焜坐火車赴紐約並觀東境各邦工廠，往返紐約者數次，又遊美利加英屬地。九月初重

至紐約晤張星使，考訂南遊秘魯巴西等處程途。十月中，坐火車取道佛勒爾勒鳌邦攔排海口，改作窪里別的輪船至豈外斯脫埠前赴日斯巴呢亞屬之古巴島。十一月十九日由古巴坐巴馬輪船啓行赴巴拿馬。十二月初二日改坐開戳扒而輪船赴秘魯，十三日抵嘉里約登岸，坐火車至利馬。其總統與外部皆殷殷以國政、風俗相告。十五年正月由秘魯坐意達得輪船赴智利，改坐英國蘇拉輪船赴巴西，先謁國王，次詢風俗。二月十九日坐阿得凡司輪船赴紐約，三月十九日抵埠。二十日坐火車至華盛頓，二十五日赴三佛浪謝司戈。四月初一日抵埠。初四日坐乃盧輪船赴日本之橫濱，二十五日抵埠。是夜亥刻至東京謁黎蓴齋星使，星使以厚焜數萬里來，備加慰藉。蓋據去年浴佛日叩辭時已約年餘矣。塵勞稍定，爰舉遊歷美國等處書籍之所披吟，風景之所周覽，友朋之所指陳，編次成帙，得《美利堅合眾國地理兵要》四卷。」

《美國地理兵要》具體篇目包括：卷一、卷二為亞墨利加洲總論、美利堅合眾國形勢總論及各邦各屬志若干篇，且各邦屬志下還設有建置、形勢、山脈、礦產、物產、水利、考工、陸軍等細目；卷三為邦屬山島河湖及列郡民數表；卷四為全國經緯度及水陸方里表、全國邦屬四至表、邦屬會城海口市鎮表、美國正午時刻與他國時刻比較表、全國晴雨寒暑表、邦屬建置先後考、邦屬歷年人數增益考、全國鐵道表、邦屬鐵路歷年建築表、陸軍志略、水師志略、十三邦立國紀事、南北戰爭、邦屬塾師薪水及經費數目表、邦屬學生書目表、邦屬方名審音表。

另外，該書還有《小方壺齋輿地叢鈔補編》第 12 帙本。

（三）加拿大

185.《遊歷迦納大圖經》八卷（1902）

傅雲龍著。本書又名《遊歷英屬地迦納大圖經》。國家圖書館藏清光緒 28 年（1902）石印本 2 冊。上海圖書館藏清光緒 28 年（1902）上海石印本 2 冊。

《遊歷迦納大圖經》共分天文、地理、風俗、食貨、考工、兵制、政事、敘例八門，下分若干子目。具體說來，卷一天文，包括經緯表、分測經緯地備較表、中國迦納大較時里差表、氣候表；卷二地理，包括地理圖、沿革、疆域、地勢較高海面表、四至八到表、迦納大部落名稱歸一表、山島岬峽表、河表、大湖表、海灣海灘表；卷三風俗；卷四食貨，包括民數表、物產、農

產大宗表、食畜表、東南礦金年表、輸出表、輸入表、海關稅銀年表、互市
美利加物表、農產互市美利加表、互市百分率表、商物備較表、鉅賈本利表、
漁業大宗表、夢奪里耳商舶表、商船出入頓數年表、出入輪船帆船系地表、
銀行表、公債年表；卷五考工，包括鐵道歲修增里表、鐵道費年表、官工經
費出入年表、考工雜識；卷六兵制，包括兵要；卷七政事，包括迦納大政制、
官制、學校表、大事編年表、電報表、雜事、郵政表；卷八敘例，包括自敘、
專例。

　　沈兆禕《新學書目提要》卷三輿地類「《遊歷迦納大圖經》提要」曰：

　　「《遊歷迦納大圖經》八卷（迦納大近譯作「坎拿大」），德清傅雲
　　龍著。此篇考證較悉，心得亦多，於《天文》一卷，經緯度以中國
　　京部起算，其說云有定之緯度可以無定者算之，無定之經度斷不可
　　以有定者例之，其言頗合測算之用。氣候表力辯西人所言迦納大為
　　英屬極寒地之說，以為法人畫地屬英之言懼滋民怨，故為此言而耳
　　食者輒沿之，此論雖新，然其以經驗證之，有以日路西島、格路西
　　島兩處之譯稱以見寒熱度之不一，皆有此理，此條最為可取。沿革
　　卷中於迦納大發見以來之事蹟採摭良多，燦然具備，頗有益於史學。
　　部落名稱歸一表所以訂改《瀛寰志略》之岐異，敘及風俗亦頗辯其
　　失，此皆省覽之資。於互市輸出輸入之表條繫分明，以至商舶運送、
　　鐵道工事皆為列表，足覘遊歷之用心，物產各件之下每用附注，亦
　　見體察之細。毛舉數端，知其劬力於所事，固後來所未及者矣。惜
　　其記土人族類一節研究未博，且於英人治理藩屬之政體不能括其大
　　要而得其精義，僅於兵制與行政之外跡觀之耳。」（載熊月之主編《晚
　　清新學書目提要》，上海書店出版社 2007 年版，第 523 頁）

（四）巴　西

186.《遊歷巴西圖經》十卷（1901）

　　傅雲龍著。上海圖書館藏清光緒 27 年（1901）傅氏石印本二冊；國家
圖書館藏清光緒二十八年石印本 1 冊。《遊歷巴西圖經》包括天文、地理、
國系、風俗、食貨志、考工、兵制、政事、文學、敘例十門，下分若干子目。
具體說來，卷一為天文，包括經緯表、中國巴西較時里差表、氣候，敘述了
巴西的經緯度、與中國的時差及其氣候狀況；卷二為地理，包括地理圖、沿

革、形勢表、部落表、邑表、四至八到表、巴西國部落名稱歸一表、山、島表、水、通舟河道表、渠、礦泉、海濱雜識；卷三爲國系，追溯巴西的歷史沿革；卷四爲風俗，包括風俗類識，主要介紹巴西的風俗；卷五爲食貨，包括人數系地表、物產、礦產、農務、商略、進口出口貨直表、別國商務比數表、海關出口物稅表、財用、金銀銅錢比較表、國債系地表、食貨雜識，敘述了巴西的人口數目、特產、農作物、動植物及巴西的進出口貿易等；卷六考工，包括兵器工、鐵道工表、考工類識；卷七兵制，包括海陸兵制、海陸軍學、兵船表、新疆戍兵，介紹巴西的軍事；卷八政事，包括政制、官祿表、外交、大事編年表、中國巴西度量衡比較表、刑略、電報表、郵表、雜事，敘述巴西的政治、外交制度及郵電事業；卷九文學，包括學校師生表、問學類識，介紹巴西的文化教育事業；卷十敘例，包括自敘、專例，追述了他遊歷巴西的經過和寫作巴西圖經的宗旨。傅雲龍在自敘中說，一般人去巴西的路線是西航非洲再渡大西洋到巴西，而自己是由日本渡太平洋到美國，再到中南美的古巴、秘魯。在秘魯看地圖東鄰巴西，「如犬牙錯」，實際上中間隔一安第斯山，「雪不得融，鳥難可逾」，無法通過。只得取道智利，繞過麥哲倫海峽險道，「足跡罕至」，再經阿根廷才到達巴西。可謂歷經千辛萬苦，艱險備嘗。傅雲龍曾自稱「何詩無志，何遊無詩」，遊歷巴西時還曾寫作了 85首紀遊詩，集爲《遊巴西詩志》一卷（上海圖書館藏清光緒十五年日本鉛印《不易介集詩稿》本）。最初寫於自智利駛往巴西的船上，後從美國去日本的大洋途中又補寫了若干首，詩中描述了遊歷巴西的見聞和趣事，這也是當時中國人認識巴西的珍貴資料。

沈兆禕《新學書目提要》卷三輿地類「《遊歷巴西圖經》提要」曰：

> 「《遊歷巴西圖經》九卷，敘例一卷，德清傅雲龍著。此書作於光緒己丑而刊行於辛丑，相聚蓋十二年矣。巴西爲南美大國，其方輿之廣蹟幾與中國等，作者至其國時猶是君主政體，迨我庚辛之間，陸軍部諸人乃謀廢其君而改爲民主，又閱朞年，始經列國供認，傳之至今，此則書成以後之事也。遊歷之功，必久居其地則諏詢體察情勢始詳，據篇中自述之言，以困於時疫，有迫限期，魘魘風塵，兼旬遍歷，故於政事條理雖有摘述，似未詳究要領，然敘及民俗、物產各節頗復詳明，於疆域錯落尤能細考，從事之懇，足見其誠。形勢一表，記巴西部落形勢頗具測量之用，惜多作詞章泛語以喩地形，深恐其言之不切，且乖著述之雅。記水一節，於亞馬遜河經流

之區域亦未指明；記巴西政事卷中部落政治一節，似係地方行政之體而受官吏之干涉者，顧其言不甚明瞭，乃轉難之考見；國政一節，謂行政之部有七而義部列於第二，義部之名亦不可解，或有訛文，此為當日之小失。其考里約哥蘭的諾的及里約哥蘭的叟路叟之地名，能訂正《瀛寰志略》之舊，具徵精勘。論及風俗，每能刊削讕言，揮闢往記，於掌故不為無裨。惟國系卷中以其故君伯德祿第二之好遊而事後追論之，以為聽以失國之故，此事不必盡然，今昔殊情，東西異體，國君遊歷要豈為譏？聞其革命易姓之由，半為條教畔嘵所致，作者此篇略於行政之跡而顧執此以定去其受病之源，亦未確矣。巴西擬招華工一案，近人如鄭觀應等著書皆謂事雖未成，我民之被誘而往，率受異常虐待，今以是書證之，似不至此，輶問所得，或當較耳食為諦焉。」（載熊月之主編《晚清新學書目提要》，上海書店出版社 2007 年版，第 522 頁）

（五）墨西哥

187.《墨西哥述略》一卷（1898）

謝希傅著。

（1）南京圖書館藏清光緒二十四年鉛印本（1898）。

（2）北京大學圖書館藏民國（1912～1949）通學齋鉛印本。

該書分為疆域、方里人口、沿革、氣候、民俗、官制、開墾、礦產、商、稅課、土產等幾部分，敘述了墨西哥的地理位置、經緯度、面積、形勢、人口、物產、商業、墾殖等人文與自然地理情況。書中還有在墨西哥經商各種商品的稅率及礦產稅率明細，書後還附有《余易齋觀察由華盛頓陸路至墨西哥紀程》、《黎藻泉太守由三藩市水路至墨西哥紀程》兩文。卷首有謝希傅《墨西哥述略·自序》：

「南北美洲立國之早以墨西哥為最，當西班牙兵初入墨都已有數千年前廢廟遺址載之西史，特無時代可證。厥後叛西自立，其國內行用之幣由西商轉展運至呂宋，寖假而入我粵東，考其時蓋在英法通商之初，迄今歷有年所矣。惟其國鮮遠商徧中國無墨人蹤跡，故他國皆與我訂約，獨墨國則否。光緒十六七年駐美墨使介我國駐使以招工為請，譯署拒之。歲癸巳鐵嶺楊大臣儒持節涖美，甫下車首與美國續訂華工條款，既蕆事，念為疏通華民，惟墨為宜，首以

達之譯署會墨使重申前請楊大臣以通商爲正策，招工爲輔說，一再
會商，乃委余黎兩領事分道馳往察勘情形，旋與彼外部議訂草約凡
十餘款，既就緒矣。以中東禍起，事遂中止，希傅時駐華盛頓佐理
文牘，粗知端緒，因條其國俗政治與夫墾礦稅產數大端述爲一册以
畀，彼史疏漏之譏誠知不免倘日復有起而議者，其於是編不無可採
云。」

（六）秘　魯

188.《遊歷秘魯圖經》四卷（1902）

傅雲龍著。國家圖書館藏清光緒二十八年（1902）石印本二册；上海圖
書館藏清光緒27年（1901）傅氏石印本二册。卷四有作者自敍。全書四卷，
分成天文、地理、國系、風俗、食貨、考工、兵制、外交、政事、文學、敍
例等11門，下分若干細目。具體說來，卷一天文（包括經緯表、中國秘魯較
時里差表、氣候）、地理（包括地理圖、分疆表、四至八到表、沿革、海埠舉
要表、秘魯國部落名稱歸一表、海道大要表、海濱雜識、山、水、地理雜識）；
卷二國系（包括立國以前代系表、國系表）、風俗（包括風俗類識）、食貨（包
括人數系地表、民數分類表、物產、礦產、錢法表、國債表、國計、商務雜
識）；卷三考工（包括考工、田寮工表、鐵道表、鐵道分數異同表、別國鐵道
比較表）、兵制（包括兵略）、外交（包括中國使臣以次表、別國駐秘魯使臣
領事表、秘魯使別國表）；卷四政事（包括大事編年表、刑略、郵表、雜事）、
文學（學略、藝文、金石）、敍例（包括自敍、專例）。由上述目錄可知，該
書介紹了秘魯的歷史、地理、政治、經濟、風俗等各方面的國情，如秘魯的
沿革、部落名稱、山、水、人口、風俗、物產、礦產、貨幣、國債、國計、
商務、鐵道、外交、法律、郵政等等，而且該書著重敍述了華工在秘魯的艱
難生活境況。另外，傅雲龍還有《遊秘魯詩鑒》一卷（上海圖書館藏清光緒十五年
日本鉛印《不易介集詩稿》本）。

沈兆禕《新學書目提要》卷三輿地類「《遊歷秘魯圖經》提要」曰：

「《遊歷秘魯圖經》四卷，德清傅雲龍著。此書體例亦與前數
編不甚出入，而研究尤微，訂補舊聞爲作者之所留意。顧如《職方
外紀》一書出自艾儒略，終是西土學人之言，其言物產、地理固可
以目驗而證其非，至於風俗、冠裳或由文化漸進而改，若一考其沿

革之習，古人或未必盡誣也。天文卷中氣候表，謂秘魯國中無雨，蓋因風來自東，又沙石太廣之故，然考巴拿馬海峽一地亦在南美之間，其地氣比於秘魯要當不甚相遠，且積石屯砂蔽山塞野，尤與秘魯相同，是處乃以多雨聞，故前者法人勒塞樸斯（即創開蘇彝士河者）鳩工開鑿此道，即因雨水多挾砂石，每礙工程，因以中輟，以此相例，秘魯一隅所以經年不雨，或由南美各部之際山澤異氣，旱溢多偏，遂致各地雨暘不能分潤，未必砂石受日而然，此亦言地學者之一資料。地理卷中海埠舉要表云，答拉八嘎之地已非其有，而秘魯圖說則曰是固有者，按據此所言則其事頗與中國相類，中國於咸豐十一年與俄劃界，凡所讓與俄各城黑龍江一省猶存其名，不過稍移舊址而已，聞官中地圖亦沿而未削，即此瑣節亦證同情。考工卷中載由田寮工表，謂光緒二年以前其寮凡四千四百有奇，工數十有一萬，按華工之在秘魯者率受役於田寮，其所以相待者類遊客所述，創痛良殷，而此篇則未述及，又各寮之主多屬歐人，各挾本國之力以肆其睢戾，秘政府亦無如何，此皆有關事實，置而不言，略矣。兵制一卷能數其積弊，外交一卷略論其得失，抑亦覘國之重。政事卷中述其刑略乃殊愧於文明，無怪西人恒言謂秘魯、墨〔西〕哥之政體尚不逮阿富汗也，以雜事記華工情形要不甚備。文學一卷具見旁證，秘魯為邦，舊傳名物考古之用不可闕焉，然此卷秘魯土人一條有顯然大誤之語，或由傳寫多訛者歟？」（載熊月之主編《晚清新學書目提要》，上海書店出版社 2007 年版，第 523～524 頁）

（七）巴　西

189.《巴西地理兵要》一卷（1894）

顧厚焜撰。光緒二十年（1894）上海著易堂鉛印王錫祺輯「小方壺齋輿地叢鈔補編」本第 12 帙。

190.《巴西政治考》一卷（1894）

顧厚焜撰。光緒二十年（1894）上海著易堂鉛印王錫祺輯「小方壺齋輿地叢鈔補編」本第 12 帙。

（八）古　巴

191.《古巴雜記》一卷（1887）

譚乾初著。北京大學圖書館藏清光緒 13 年〔1887〕刻本。

此書初刊於光緒十三年（1887），譚乾初係駐古巴領事館領事。

此書又有光緒十七年（1891）上海著易堂鉛印王錫祺輯「小方壺齋輿地叢鈔」第 12 帙本。

192.《遊歷古巴圖經》二卷（1889）

傅雲龍著。

（1）北京大學圖書館藏清光緒 15 年（1889）刻本。

（2）國家圖書館藏清光緒年間（1875～1908）鉛印本一冊二卷。扉頁題簽左側寫有「遊歷書十九之三，圖經六之三，籑喜廬所著書」。

全書共分成總圖、天文、地理、風俗、食貨、考工、兵制、職官、政事、文學、敍例 10 門，下分若干目。具體地說，卷一總圖、天文（包括經緯表、中國古巴較時里差表、寒暑表）、地理（包括分疆表、四至八到表、沿革、部落名稱歸一表、險要、城市、島山合表、水錶、疆域雜識）、風俗、食貨（包括人數表、華人往還表、物產、錢法、稅略、人稅表、通商物直表、銀行表、礦表）、考工（包括考工、鐵道火車表）；卷二兵制（包括陸軍表、水師炮船表、炮臺表、兵事）、職官（包括疆吏表、中國總領事等官表、駐古巴各國領事表）政事（包括刑略、雜事）、文學（包括學校表、藝文、金石）、敍例（包括自敍、媂例）。據卷二所載作者於光緒十五年四月十七日（1889 年 5 月 16 日）由美國赴日本橫渡太平洋的船上寫成的該書自敍說，這是他遊歷古巴 18 天的調研成果。這次遊歷古巴，他得到了駐古巴領事館領事譚乾初的指教，在語言文字方面還得到駐美使館隨員李之騏的幫助。《遊歷古巴圖經》全面敍述了古巴的地理形勢、疆域、城市、島嶼、河流、人口、風俗等基本情況，並且介紹了古巴的物產、錢幣、稅收、工業、貿易、軍事、法律、官制情況，而且還敍述了華工在古巴的悲慘生活境況。

傅雲龍遊歷古巴回到美國後，又補記了 32 首遊歷古巴的古體詩，記敍在古巴的遊歷見聞和隨感，結集爲《遊古巴詩董》一卷（上海圖書館藏清光緒十五年日本鉛印《不易介集詩稿》本），在這 32 首詩中最爲引人注目的關於華工悲慘遭遇的詩。

193.《古巴節略》一卷（1894）

余思詒撰。光緒二十年（1894）上海著易堂鉛印王錫祺輯「小方壺齋輿地叢鈔補編」本第 12 帙。

194.《古巴述略》無卷數（1898）

謝希傅著。

（1）上海圖書館藏謝希傅編《歸查叢刻》七種本，清光緒 24 年（1898）東山堂鉛印本。

（2）上海圖書館藏鄒凌沅輯《通學齋叢書》本，清光緒宣統（1875～1911）鉛印本。

（九）阿根廷

195.《阿根延政要》一卷（1894）

鄭昌棪撰。光緒二十年（1894）上海著易堂鉛印王錫祺輯「小方壺齋輿地叢鈔補編」本第 12 帙。

（十）智　利

196.《智利政要》一卷（1894）

鄭昌棪撰。光緒二十年（1894）上海著易堂鉛印王錫祺輯「小方壺齋輿地叢鈔補編」本第 12 帙。

（十一）摩洛哥

197.《摩洛哥政要》一卷（1894）

鄭昌棪撰。光緒二十年（1894）上海著易堂鉛印王錫祺輯「小方壺齋輿地叢鈔補編」本第 12 帙。

（十二）委內瑞拉

198.《委內瑞辣政要》一卷（1894）

鄭昌棪撰。光緒二十年（1894）上海著易堂鉛印王錫祺輯「小方壺齋輿地叢鈔補編」本第 12 帙。

（十三）哥倫比亞

199.《科侖比亞政要》一卷（1894）

鄭昌棪撰。光緒二十年（1894）上海著易堂鉛印王錫祺輯「小方壺齋輿地叢鈔補編」本第 12 帙。

（十四）玻利維亞

200.《玻利非亞政要》一卷（1894）

鄭昌棪撰。光緒二十年（1894）上海著易堂鉛印王錫祺輯「小方壺齋輿地叢鈔補編」本第 12 帙。

（十五）巴拉圭

201.《巴來蒯政要》一卷（1894）

鄭昌棪撰。光緒二十年（1894）上海著易堂鉛印王錫祺輯「小方壺齋輿地叢鈔補編」本第 12 帙。

（十六）烏拉圭

202.《烏拉乖政要》一卷（1894）

鄭昌棪撰。光緒二十年（1894）上海著易堂鉛印王錫祺輯「小方壺齋輿地叢鈔補編」本第 12 帙。

（十七）其他美洲國家和地區

203.《奈搭勒政要》一卷（1894）

鄭昌棪撰。光緒二十年（1894）上海著易堂鉛印王錫祺輯「小方壺齋輿地叢鈔補編」本第 12 帙。

204.《喀納塔政要》一卷（1894）

鄭昌棪撰。光緒二十年（1894）上海著易堂鉛印王錫祺輯「小方壺齋輿地叢鈔補編」本第 12 帙。

205.《唵蒯道政要》一卷（1894）

鄭昌棪撰。光緒二十年（1894）上海著易堂鉛印王錫祺輯「小方壺齋輿地叢鈔補編」本第 12 帙。

206.《海帶政要》一卷（1894）

鄭昌棪撰。光緒二十年（1894）上海著易堂鉛印王錫祺輯「小方壺齋輿地叢鈔補編」本第 12 帙。

207.《山度明哥政要》一卷（1894）

鄭昌棪撰。光緒二十年（1894）上海著易堂鉛印王錫祺輯「小方壺齋輿地叢鈔補編」本第 12 帙。

五、大洋洲

（一）澳大利亞

208.《澳洲紀遊》一卷（1891）

闕名撰。光緒十七年（1891）上海著易堂鉛印王錫祺輯「小方壺齋輿地叢鈔」本第 10 帙本。

209.《他士文尼亞島考略》一卷（1891）

闕名撰。光緒十七年（1891）上海著易堂鉛印王錫祺輯「小方壺齋輿地叢鈔」本第 10 帙本。

（二）新西蘭

210.《牛西蘭島紀略》一卷（1891）

闕名撰。光緒十七年（1891）上海著易堂鉛印王錫祺輯「小方壺齋輿地叢鈔」本第 10 帙本。

211.《南極新地辨》一卷（1891）

金維賢撰。光緒十七年（1891）上海著易堂鉛印王錫祺輯「小方壺齋輿地叢鈔」本第 10 帙本。